AF452050

# L'ENFANT

## DE LA NATURE,

### OU

# CHRONIQUE

### DE

## LA RÉVOLUTION FRANÇAISE.

# L'ENFANT

## DE LA NATURE,

ou

## CHRONIQUE

DE

## LA RÉVOLUTION FRANÇAISE;

Par BAUVE,

JARDINIER A SAINT-SAENS, DÉPARTEMENT
DE LA SEINE-INFÉRIEURE.

PARIS.

DE L'IMPRIMERIE DE J. GRATIOT.

JANVIER 1820.

NOTE DE L'IMPRIMEUR.

L'Auteur ayant voulu conserver sa manière d'écrire,
j'ai imprimé son manuscrit tel qu'il me l'a remis.

# CHRONIQUE

## DE

## LA RÉVOLUTION FRANÇAISE.

---

Nous étions continuellement occupés aux travaux de la campagne; nos inquiétudes étaient de savoir si nous parviendrions à augmenter nos fortunes : nos maîtres étaient le clergé, à cause que nous lui payions la dîme; et les seigneurs, à cause que nous leurs payions des rentes seigneuriales sur les propriétés foncières que nous possédions. Éloignés des grandes villes, nous n'entendions point parler d'affaires politiques. Nous aimions Dieu, parce que c'était la croyance de nos pères, qui nous restait par tradition de génération en génération ; nous aimions le Roi, parce que nous n'avions point été induits en erreur qui donne des inquiétudes à cause des affaires de l'État : ainsi nous vivions tranquilles sur ces points. Les motifs de plaintes que nous avions contre le clergé et la noblesse, qui étaient nos voisins, nous paraissaient des chimères. Ne sachant à qui nous adresser pour avoir raison du tort qui nous était fait, la plus petite démarche à ce sujet, encourait la haine de l'un ou de l'autre : des exemples frappans nous donnaient lieu de craindre, il fallait beaucoup d'argent pour plaider, et nous avions besoin de vivre avec économie pour faire face à nos paiemens. Ainsi nous vivions avec nos maîtres, comme avaient vécu nos pères. Mais cette tranquillité ne fut pas continuelle.

Des entretiens ont lieu entre les diverses personnes qui étaient accoutumées de fréquenter la capitale, au sujet des bruits qui circulaieni clandestinement, malgré la surveillance de la police, contre la famille royale, qui était signalée comme menant une vie qui entraînait la ruine de la France ; parce que les finances étaient mal administrées, on parlait aussi de dérèglement qui devait amener un changement considérable. Ces bruits se communiquaient des uns aux autres avec une telle rapidité dans nos campagnes, que que l'inquiétude devint générale : de gros cultivateurs que nous regardions comme des autres maîtres avaient des conférences avec les gros de nos environs, qui étaient les curés, seigneurs, gens de justice et autres, enfin ceux qui avaient des relations habituelles avec les personnes de la cour. Ainsi, par leurs rapports plus ou moins exagérés, bientôt l'habitant de la

chaumière se détache de ses devoirs habituels ;
ceux qui étaient d'une classe au-dessus , en ont
fait autant ; et chacun oublia ses sermens par
abjuration secrète , l'un par ignorance , et
l'autre par esprit de parti ; et le trône et l'autel
étaient à la fois menacés : des factions existaient
dans toutes les parties de l'administration publique, qui soufflaient la discorde et protégeaient
secrètement l'insubordination.

Ce fut pour nous autres une chose nouvelle
d'entendre parler d'une assemblée d'États-généraux du royaume, et on nous dit qu'il y allait avoir
une assemblée générale des trois ordres , qui
étoient la noblesse , le clergé et le tiers état ;
mais nous ignorions si nous faisions partie de ce
dernier. Les dénominations les plus familières
que nous connussions , étoient que , quand on
n'étoit pas noble , on était roturier. On nous
dit que le but de cela était d'aviser aux moyens
de détruire les abus qui existaient , et d'aviser
aux moyens de rétablir les finances, à un tel
point que le trésor royal fût dans le cas de
faire face à ses paiemens. On devait à ce sujet
dresser des cahiers de doléances qui contien-
draient les abus à réprimer , et nommer les députés des trois ordres, qui se distinguaient par
différentes couleurs : la noblesse portait la co-

carde blanche, le clergé la cocarde rouge, et le. tiers état la cocarde bleue.

Lorsque nous avons été certains qu'il allait être traité de la réforme des abus, nous nous sommes mis en fait d'établir les abus qui étaient préjudiciables aux habitans des campagnes, et nous avons demandé la destruction du gibier qui détruisait nos récoltes, et le droit de le détruire sur nos propriétés ; nous avons demandé la suppression et l'abolition de la dîme, l'abolition de tous les priviléges que possédaient le clergé et la noblesse, qui les dispensaient de payer la taille et autres impôts, à cause des jouissances qu'ils avaient parmi nous. Tandis que nous étions occupés à ce qui nous regardoit, un autre s'occupait d'un autre abus. Il semblait que tous les abus à réprimer se présentaient à toute la France réunie, pour être détruits d'un seul coup de foudre, Les supérieurs et les inférieurs étaient plaintifs ; ils auraient tous desiré être les maîtres, et ne pas en avoir. Bientôt la rumeur fut générale, et chacun croyait faire des actes d'utilité publique en découvrant les abus des autres ; on se porta à des excès.

On publia la loi martiale pour arrêter le désordre ; mais la voix du magistrat n'était plus entendue d'une partie de la classe qui est aisée à soudoyer pour de l'argent. On a renversé les établissemens de la régie des droits réunis dans plusieurs endroits, et on a introduit en France toutes sortes de marchandises de contrebande, à force ouverte et par violence ; et on chassa dans les forêts du roi ; on se porta à des excès dans bien des endroits.

Malgré toutes ces dévastations, nous autres habitans des campagnes, désirions et croyions voir chaque jour l'ordre se rétablir ; mais les factieux, pour empêcher le rétablissement de la tranquillité publique, jetèrent l'alarme parmi nous. Ils avaient prévu les cas qui se rencontrent lorsque les sujets d'un potentat se révoltent contre ses ordonnances : il a recours à la force publique qui est établie pour le protéger, et faire exécuter ses ordres ; et, dans le cas de désobéissance, il requiert la force qui maintient les nations civilisées dans le devoir. Pour quoi on a fait courir dans nos campagnes un bruit alarmant qui avait été combiné pour le même jour, et on disait ici : les Allemands sont à tel endroit, ils égorgent tout le monde, on n'entend pas leur langage. Dans un autre endroit, c'était la même chose. Ainsi, dans le même jour où ces bruits ont circulé, tous les hommes se sont mis sous les armes pour se secourir mutuellement :

les femmes, les enfans et les vieillards sont sortis de leurs maisons, et se sont sauvés dans les bois ou partout ailleurs, croyant par ce moyen échapper au massacre ; et la consternation devint générale, on croyait toucher à sa fin. Ce fut ce moyen qui occasionna que la bourgeoisie a commencé à prendre les armes pour la sûreté publique : ainsi la France a été mise sur le pied de guerre pour servir au besoin. On nous a appris ensuite qu'une sédition avait eu lieu à Paris ; que la Bastille était prise par la bourgeoisie, qui était composée d'individus de toutes les classes ; et que le tiers-état avait remporté une grande victoire : mais ceux qui connaissaient l'importance de cette action, ont vu le trône et l'autel ébranlés, puisqu'ils étaient sans défense, dès qu'une partie de la troupe avait désobéi. On a aussitôt introduit dans nos campagnes des chansons à la gloire du tiers-état. La noblesse et le clergé furent obligés de quitter leur cocarde, et d'en porter aux trois couleurs : sans cela, ils auraient été massacrés par des sicaires qui étaient soudoyés pour de l'argent secrètement. Et ce qui donna lieu à la révolte générale du tiers-état, ce fut un emmagasinement de blé qui eut lieu dans ces temps, qui occasionna un renchérissement considérable ; et on découvrit le lieu de ces accaparemens, et les auteurs étaient dans la classe des proscrits, et la populace ameutée dans tous les endroits se porta à des excès contre une partie; et l'autre s'échappa furtivement : on pilla et brûla leurs maisons.

Nous étions toujours dans de grandes inquiétudes pour l'avenir, le blé manquait aux halles : mais on désigna le port du Havre pour être le lieu où on pourrait s'en procurer. Plusieurs achats ont été faits ; mais ces achats n'ont pas été de longue durée, puisqu'il y eut une émeute populaire à ce sujet contre les commissaires chargés de faire ces achats : on nommait ces blés les blés du tiers-état.

Quelle fut notre surprise lorsque nous avons entendu dire que l'intendant de la généralité de Rouen avait failli être massacré par la populace; que le procureur général avait été obligé de fuir. Nous voyions que l'autorité était menacée; cela nous donnait lieu de croire qu'il y aurait un changement dans les affaires; et quelque temps après nous avons entendu dire que la dîme était supprimée ; que tous les droits féodaux étaient abolis; que la chasse était permise sur son terrain, pour détruire toutes les bêtes nuisibles ; telles que sangliers, cerfs, chèvres, renards, lapins, lièvres, pigeons, perdrix, et autres ; il nous semblait être au comble de nos désirs : que les droits sur le sel, tabac, et marque des cuirs et autres, et les droits de passe et d'entrée dans les villes, n'auraient plus lieu à l'avenir; et qu'il y avait un projet d'anéantir tous les privilèges dans tous les endroits ; qu'il n'y aurait plus de maîtrises ; que la justice allait être rendue gratuitement ; que toutes les charges étoient révoquées. Et ce fut tous ces changemens qui enfantèrent la liberté ; et on disait : cela est décrété par l'assemblée nationale. Tel était le nom qui avait été donné à cette assemblée lors de la réunion des deux ordres et du tiers-état, représentés par leurs députés, et dont nous avons parlé précédemment.

Dans cette assemblée, le clergé fut grandement censuré; il rencontra des ennemis dans la classe de ces individus qui ayant fait leurs études pour entrer dans les ordres sacrés, s'en étaient éloignés, pour avoir été plus ou moins mécontentés ; ils usèrent de représailles, et ils ont agi sans ménagement. Ils ont eu aussi beaucoup à souffrir de la vengeance des protestants. La noblesse rencontra aussi ses ennemis dans ces hommes qui, ayant la connaissance du droit, avaient un caractère assez violent pour détruire toute institution, sans considération.

On a attribué tous ces changemens aux lumières du tiers-état, et on a dit : le peuple français est souverain ; il a le droit de changer sa constitution ; il est égal en droits au clergé et à la noblesse. C'est pourquoi on tenait pour devise : liberté, égalité, fraternité ou la mort. On savait bien qu'il restait une haine au clergé et à la noblesse contre le tiers-état, à cause de ces changements : ils n'étaient pas portés à fraterniser. Ce fut à ce sujet qu'ils furent provoqués par la chanson du *ça ira, les aristocrates à la lanterne, les aristocrates on les pendra* ; et que l'hymne des marseillais fut composée.

Nous autres habitans des campagnes ignorions si tous ces changemens avaient lieu, par suite des délibérations précédées de débats ; mais quand nous avons aperçu que l'on vendait des chansons publiquement, injurieuses à la noblesse et au clergé, et que l'on blasphémait publiquement contre le Roi et la famille royale, et que l'on tournait en ridicule les mystères de la religion, nous avons présumé qu'il y avait de la ruse. En voyant disparaître les fleurs de lis, on nous disait que le gouvernement monarchique était changé en un gouvernement démocratique et constitutionnel ; le titre de Roi de France et de Navarre fut changé, et on disait : Roi des

Français. Tous ces changemens étaient pour nous chose égale ; mais les factieux arrivaient au but qu'ils s'étaient proposé.

Ces changemens opérèrent un bouleversement considérable dans toute la France, et un grand dérangement dans les affaires de commerce. La perte était réelle et sensible pour le clergé et la noblesse ; ils ne pouvaient plus alimenter un nombre considérable de peuple de toutes les classes ; les ouvriers, les artisans et autres étaient sans ouvrage, et les capitalistes retiraient leurs fonds des banques ; une grande partie de la noblesse du premier rang quittait la France, et ils emportaient leurs trésors, qui étaient la source qui alimentait le commerce. Cette perte ne pouvait pas être rétablie, et les besoins étaient pressans. On disait que le tiers état serait obligé par force, et ne pourrait résister long-temps dans un pareil délabrement et désordre dans les finances, et qu'il serait soumis par les troupes étrangères qui devaient pénétrer en France. Toutes ces considérations ont occasionné un schisme politique : un parti aspirait au retour de l'ancien régime, parce qu'il perdait ; l'autre le craignait, parce qu'il gagnait ; un autre insultait au malheur de l'autre, et se disposait à repousser la force par la force en cas d'attaque. Peu de temps après on dépouilla le clergé de tous ses biens ; ils furent déclarés biens nationaux : tous les individus de cette classe , de l'un et l'autre sexe, furent relevés de leurs vœux ; et ils eurent la liberté de quitter le célibat, et d'embrasser l'état du mariage. Ensuite on a vu des religieux et des religieuses quitter leurs maisons avant le jour désigné pour en sortir, et aussitôt embrasser l'état du mariage ; d'autres sont restés dans le célibat : on avait agi ainsi en secouant le joug de la cour de Rome. Alors il y eut un schisme dans l'église de France, qui a éclaté à l'occasion d'un serment exigé du clergé ayant charge d'ames.

Par les lois constitutionnelles , le clergé de France ne devait recevoir pour traitement que des pensions annuelles : ces pensions n'étaient pas l'équivalent de la perte qu'ils faisaient en perdant les dîmes et autres revenus ; il y avait bien des mécontents. On demanda aussitôt le serment aux lois constitutionnelles de l'État ; mais il fut refusé par une partie, et l'autre obéit : celle qui refusa le serment fut déchue aussitôt de son emploi, et notée comme coupable de désobéissance aux lois de l'État. Il y eut à ce sujet de grands débats entre le clergé de la haute et basse classe ; chacun déduisait ses moyens pour le refus ou l'acceptation. Ces sortes de débats ont donné un grand scandale aux fidèles, en se communiquant réciproquement des injures entre eux ; et leurs querelles donnèrent lieu à d'autres querelles et à des débats entre tous les individus des autres classes à l'occasion de l'office divin célébré, par un motif de répugnance, l'un estimant qu'il ne devait pas assister à l'office d'un prêtre assermenté, et l'autre soutenant le contraire ; et les deux partis trouvaient des motifs en interprétant les préceptes de la religion et de la morale chacun à sa manière.

Cette division avait rendu un grand nombre de cures vacantes, et la France ayant secoué le joug de la cour de Rome, on créa un mode pour faire les choix, et les choix furent faits par les électeurs laïcs : on a vu les vicaires remplacer leurs curés, et ils vivaient souvent dans la même commune d'une manière peu édifiante.

Pour tenir lieu de numéraire, on créa un papier monnaie, que l'on nomma assignat ; il devait être remboursé sur le prix de la vente des biens nationaux, jusqu'à concurrence de quatre cents millions ; et pour faciliter l'introduction de ce papier monnaie, on a autorisé tous débiteurs à faire tous les remboursemens des créances foncières, immobilières, rachetables ou non. Cette facilité a donné lieu à des remboursemens considérables, et cette monnaie changeait de main avec une rapidité étonnante, et donna lieu aux capitalistes, propriétaires de numéraire en argent, de le retirer de la circulation. Alors il ne restait plus de monnaie de billon, ni d'écus, pour faire les appoints des paiemens, les plus bas assignats étaient de cinquante francs. Mais des maisons de commerce créèrent des bons, et chacun remboursait ceux de sa création, et on voyait dans le commerce du papier monnaie de toutes couleurs, qui a fait disparaître toute espèce de monnaie grise ; on voyait dans le commerce des bons presque en lambeaux, ils étaient réels ou faux ; celui qui les recevait, ne les gardait pas long-temps.

Ces sortes de monnaies étaient regardées aux yeux des financiers comme une monnaie postiche; mais il y avait des peines très-rigoureuses contre ceux et celles qui auraient tenu des propos tendans à la discréditer; la mort fut le supplice qui fut souvent employé contre diverses personnes.

A mesure que les assignats étaient mis en circulation, le prix des marchandises augmentait d'une manière effroyable; et, pour arrêter le dé-

sordre, on taxa un grand nombre de marchandises et denrées de première nécessité.
Mais cette mesure eut un effet tout différent de
celui qu'on croyait, puisque toutes les denrées
manquèrent au marché : le commerce se faisait
nocturnement à un prix exorbitant ; on ne
voyait plus de blé aux halles, il n'y avait plus
de pain chez le boulanger ; la viande, le savon, la
chandelle, enfin tout disparut : les cultivateurs
devinrent insensibles ; plus ils profitaient à
cause de la misère publique, plus ils étaient inhumains. Ce commerce était exécuté à l'instar
de la contrebande. Il y en avait qui refusaient
les assignats, malgré la sévérité des lois ; ce qui
mettait dans la gêne une classe d'individus qui
ont été réduits à la mendicité. Les denrées de
première nécessité étaient à un prix exorbitant,
soit en assignats, ou en numéraire ; les cultivateurs étaient la majeure partie inhumains ; ils
vendaient leurs denrées aux étrangers, et leurs
voisins étaient obligés de souffrir la faim, ou
d'aller s'en procurer dans des endroits où ils
n'étaient pas connus. La disette fut tellement
grande, que chaque jour on était obligé de marcher pour se procurer de quoi se nourrir et sa
famille ; nous avons vu dans nos campagnes de
pauvres malheureux se nourrir d'herbe, telles

que les fanges de légumes, et autres choses
dont le récit fait frémir.

La rigueur des lois au sujet des assignats
cessa ; on eut la liberté de payer en argent.
Ainsi nos campagnes se sont trouvées ravitaillées
par les blés qui nous sont venus par la voie du
commerce, et chacun se livra à ses travaux habituels après avoir été pendant bien des années,
en proie à toutes sortes d'intrigues.

L'émission des assignats ne fut qu'une partie
des maux que nous avons soufferts : celui d'avoir
changé l'état des choses en France fut aussi
funeste au peuple français, qui est devenu le
jouet des factieux qui ont mis tout en usage
pour se maintenir dans leurs entreprises contre
la monarchie. On a fait vendre dans nos campagnes quantité d'écrits contre la famille royale.
L'alliance qui était faite avec la cour de Vienne
pour le bonheur de la France, devait être pour
son malheur ; la reine était accusée d'intelligence
avec l'empereur d'Allemague son frère, dont
on redoutait la puissance ; on mettait en mésintelligence la branche régnante avec la branche
présomptive, qui, à ce qu'on disait, favorisait le
tiers-état ; on mettait en mésintelligence les catholiques avec les protestans ; on disait que
c'était par l'effet d'une haine gardée depuis long-

temps, que l'on avait secoué le joug de la cour de Rome ; tout cela nous occupait : mais quel parti convenait-il à notre position? nous n'y pouvions rien.

Nous avions entendu dire que, la Bastille étant prise, il y aurait une fête dans toute la France, tous les ans au même jour; en effet cela eut lieu: il y eut une messe solennelle de chantée; tous les hommes se mirent sous les armes ; on a promené en public des écriteaux en gros caractères; et on lisait sur celui-ci, *Suppression des dîmes ;* sur celui-là, *Abolition des droits féodaux ;* sur un autre, *Refonte des lois et justice gratuite , droits réunis supprimés, suppression des gabelles : liberté , égalité.*

Nous étions au comble de nos désirs : on vendait à la halle le tabac et le sel à prix défendu. Tout cela était disposé pour encourager le peuple à se maintenir, en cas d'attaque, par la force des armes.

Nous avions célébré cette fête, il nous semblait être régénérés, et que nous allions être tranquilles ; mais un autre rapport nous a été fait, qui nous a causé de grandes inquiétudes pour l'avenir : on nous a dit qu'il y avait une autre sédition à Paris; qu'une partie de la populace avait forcé la troupe à la protéger dans le dessein qu'elle avait de prendre le Roi et toute la famille royale , et de les mener à Paris , soit de bonne volonté, ou par force ; qu'il y avait au moins soixante mille personnes sur pied, et de ce nombre étaient en grande partie les poissardes, qui , après cette expédition , ont été complimentées, et nommées dames de la halle ; qu'il s'était commis des atrocités et des massacres sur plusieurs personnes de leur sexe, qui ont été déchirées par morceaux ; que les autres personnes étaient des hommes de la classe ouvrière , qui furent nommés *Sans-culottes* ; qu'ils avaient forcé la garde du Roi ; qu'un grand nombre de Suisses qui la composaient avaient été tués à leurs postes. Presque tous ces rapports redoublèrent nos inquiétudes. On nous disait de nous méfier des prêtres et des nobles , que c'était des aristocrates ; et quelque temps après on désignait facilement , dans nos campagnes , les personnes qui avaient l'esprit révolutionnaire : ceux-là étaient des patriotes , ce qui signifiait aimer sa patrie. Les factieux se servaient de ces gens-là pour mettre à exécution les projets qu'ils avaient de nous mettre en insurrection : ils avaient un costume distingué ; ils portaient un gilet à manches, et un large pantalon ; ils étaient affublés d'un bonnet rouge ; ils étaient aux ordres d'une classe supérieure que l'on nommait Jacobins, qui avaient des correspondances avec toutes les personnes de leur genre dans toute la France, et leur point de réunion à Paris.

Les massacres qui avaient eu lieu sur une partie de la noblesse, dans la capitale, portèrent la terreur dans cette classe d'individus, et la plupart demandèrent des passe-ports pour quitter la France. Nous voyions journellement des équipages prendre leur route vers les frontières de l'Allemagne ; nous entendions dire que cela signifiait la guerre, mais nous n'y comprenions rien ; nous étions dans la désolation : on donnait à ces voyageurs le nom d'émigrans. Pour nous tenir dans un état d'insurrection, on a fait tenir dans nos campagnes des journaux politiques qui nous donnaient connaissance de tous les actes du gouvernement, et nous avons appris que pour mettre un terme à ces émigrations, qui ôtaient à la France toutes ses ressources, ces émigrés étaient déclarés coupables d'attentat contre l'État ; et on leur donna un terme limité pour rentrer en France : passé ce terme, ils étaient déclarés morts civilement, et leurs biens confisqués. On les accusait d'avoir pris les armes contre leur Roi, s'ils n'obtempéraient pas à la sommation qui leur avait été faite.

Une partie des émigrés est rentrée en France, et l'autre resta chez l'étranger. Ils furent suivis par plusieurs régimens ; il se forma un corps d'armée au-delà des frontières, pour rentrer en France les armes à la main , secondé et protégé par des troupes étrangères , lorsque la réunion aurait eu lieu. Et le gouvernement français considéra ces émigrés comme ses ennemis, et on leur appliqua les peines encourues en pareil cas. Ainsi, on a mis le séquestre sur tous les biens, et on a formé une liste de tous ces individus, et on a rayé ceux qui n'étaient pas rentrés dans les délais voulus par la loi, après avoir justifié qu'il leur avait été impossible de rentrer en France. On n'admettait que ceux qui étaient sortis hors de la France pour affaires de commerce, et tous les biens meubles et immeubles des autres furent vendus, et on a poussé l'excès assez loin pour atteindre la part dans les successions de leurs père et mère , et ils ont été obligés de faire des lots avec le gouvernement, et la partie échue fut aussi vendue.

Cette vente fut faite payable à terme, et en assignats ; mais le profit est resté aux acquéreurs, qui ont acheté à vil prix, et payé avec cette monnaie qui ne représentait qu'une faible valeur. Cette vente donna à la noblesse beaucoup d'ennemis ; l'appât du gain guidait seul les acquéreurs. Ainsi les biens des nobles et ceux du clergé furent vendus, et le produit fut tiré néant : ils devaient opérer le remboursement des assignats, mais cela n'a pas eu lieu ; chacun fut obligé de perdre plus ou moins.

La France fut menacée d'une lutte sanglante, et elle en courut le danger. Nous fumes avertis des dangers et des préparatifs de guerre. On a trouvé dans nos campagnes un grand nombre d'individus qui se sont enrôlés volontairement ; ils étaient comme enivrés : sans connaître les armées qui devaient leur être opposées, ils partaient de chez eux, se rencontraient et s'encourageaient les uns les autres, abandonnant leur famille et leurs travaux. On voyait ces individus, qui, autrefois, pour s'exempter de la milice, employaient tous les moyens qui pouvaient leur paraître favorables, aujourd'hui prendre les armes : autant ils craignaient et redoutaient l'état militaire, autant ils aspiraient après le jour des combats qui devaient avoir lieu contre les nobles et les prêtres. Telle était leur devise.

On nous avait trompés, lorsqu'on nous disait que le Roi sanctionnait les décrets de l'assem-

blée nationale , sans aucune contrainte, étant
au milieu de ses sujets comme au milieu de ses
amis, puisqu'on nous a appris que le Roi et la
famille royale étaient sortis de Paris clandestinement, que l'on ignorait le lieu de leur retraite.
Il y avait à ce sujet lieu d'être convaincu que
les nouvelles qui nous parvenaient étaient l'ouvrage des meneurs; et lorsque nous avons appris qu'ils avaient été arrêtés et reconduits à Paris , il y avait lieu pour nous de craindre la
suite de pareilles opérations.

On distribua dans nos campagnes des écrits
publiquement contre la royauté. Le Roi et la
Reine, le Dauphin et la Dauphine, furent détenus:
on accusait le Roi et la Reine d'avoir conspiré
contre l'État, et d'être d'intelligence avec les émigrés. On nous disait que l'assemblée nationale avait
pris les rênes du gouvernement, que la volonté
du Roi était inu- tile; et ce fut cette circonstance
qui donna lieu aux factieux de proclamer la
France en république.

La France se trouva agitée d'une manière
plus terrible qu'elle n'avait été jusqu'alors. On
mettait tout en armes pour se défendre. Les
armées étaient en présence sur les frontières.
On fabriquait des piques pour armer les habitans des campagnes. Toutes les personnes qui

avaient appartenu au clergé ou à la noblesse, étaient signalées comme des ennemis du tiers-état : on ne parlait que de guerre ; il n'y avait pas de moyen de conciliation. La noblesse avait perdu une partie de ses revenus, et par son émigration elle en a perdu la propriété ; et il lui était défendu, sous peine de mort, de rentrer en France. Les lois de la guerre ne leur étaient pas applicables ; soient qu'ils fussent rentrés ou non les armes à la main, ils étaient punis de mort. Le clergé qui avait refusé le serment, fut condamné à la déportation ; si aucun d'eux était trouvé en France, après les délais, il était aussi puni de mort. On a établi des peines rigoureuses contre tous ceux et celles qui auraient des relations et des rapports avec les émigrés et les prêtres déportés.

Les armées étrangères pénétrèrent en France, et eurent quelque succès : mais ce ne fut pas de longue durée ; bientôt après ils en furent chassés, et une partie du pays qui bordait les frontières fut conquis par les armées françaises. Ces avantages étaient funestes à la noblesse et au clergé, qui, par leurs opinions, était opposés à la volonté des factieux, perdaient la vie sur des échafauds, ou étaient massacrés. Les factieux anéantissaient la noblesse, et ont détruit la religion. Ils avaient juré de détruire les attributs de la royauté, et tous les signes extérieurs du culte catholique, en ordonnant la démolition des calvaires placés dans les endroits publics. Ils poussèrent encore plus loin leurs opérations ; elles s'étendirent aux croix qui existaient sur le haut des clochers, à qui on a coupé les deux bras : il n'y restait qu'une flèche. On a retiré les cloches des clochers, quand il y en avait plus d'une. Quelque temps après, on a tracassé les curés, soient qu'ils aient été ou non constitutionnels ; ils furent obligés de cesser l'exercice du culte catholique. On s'empara des ornemens des églises et des vases sacrés ; dans plusieurs endroits on a mutilé, massacré les saints et les images. On força les ecclésiastiques à remettre entre les mains des autorités civiles leurs lettres de prêtrise. Il y en a qui ont eu l'indignité de déclarer publiquement au prône qu'ils avaient prêté le serment pour apprendre aux catholiques à se passer de prêtres ; que tout ce qu'ils avaient écrit ou dit touchant la religion n'était que mensonge et fourberie : on accordait à ces misérables la mention honorable.

La devise était partout : *Vive la République !* Liberté, égalité, fraternité ou la mort. Et on souffrait avec résignation bien des privations.

Il existait dans bien des endroits des associations, que l'on nommait société populaires, et ces sociétés se réunissaient dans un endroit particulier, sous la présidence d'un de ses membres. Leur but était de dénoncer toutes les personnes suspectes, c'est-à-dire, toutes les personnes qui ne prenaient aucune part à la révolution : on les traitait de modérés. D'autres appartenaient au clergé ou à la noblesse : on les nommait leurs partisans. Ces sociétés avaient des correspondances avec une société qui était à Paris, que l'on nommait les jacobins; et c'est à cet établissement que l'on avait recours pour trouver les moyens de faire tomber sous la hache révolutionnaire tant de malheureuses victimes de tout sexe, de tout âge et de tout rang et emploi. Dès que le dénonciateur était membre de ces sociétés, il avait le droit de désigner des victimes. Quand ces victimes étaient appelées pour paraître au tribunal, il arrivait qu'il y en avait qui demandaient à se justifier, et produisaient des témoins. On leur disait : n'avez-vous rien à dire contre l'accusé ? Et s'ils répondaient non, on leur disait : retirez-vous, on ne vous entendra pas.

Nous étions inquiets du sort du Roi et de la Reine, qui étaient accusés d'avoir des intelligences avec les ennemis de la France. Dès que les armées françaises étaient victorieuses, il n'y avaient pas lieu de croire qu'ils seraient délivrés des mains sacriléges qui les retenaient prisonniers, et nous avons eu la douleur d'entendre dire qu'ils avaient été condamnés à mort, et que la tête du Roi était tombée sur l'échafaud : cette mort a précédé celle de la Reine de plusieurs mois; et c'est à cette occasion que toute l'Europe fut troublée, et qu'il y a eu tant de larmes et de sang de répandus.

On ne pouvait pas s'attrister sur de pareils événemens sans courir le danger d'être soupçonné et arrêté comme suspect. On avait désigné des maisons d'arrêt pour retenir prisonnières les personnes suspectes. On avait investi du pouvoir de décerner des mandats d'arrêt un nombre d'individus qui étaient connus pour patriotes : on les nommait membres du comité de surveillance; ils correspondaient avec les jacobins, qui avaient correspondance dans toute l'étendue de la France. Un des membres, le plus en état de rédiger, tenait le registre destiné à recevoir les dénonciations. On venait lui dire : tel ou tel a tenu tel propos, ou fait telle action contre le gouvernement. On prenait par écrit ces dénonciations, et on mettait en délibération dans une assemblée, et on délibérait sur la question de savoir si le prévenu était coupable ou non : on nommait cela mesure de sûreté générale.

Un grand nombre d'individus des villes et des campagnes furent emprisonnés ; ils étaient nobles , ou parens d'émigrés, ou riches. Ils étaient détenus sous la garde d'un concierge qui avait été choisi parmi les pères de famille les plus patriotes , qui avaient des enfans aux armées. Il ne pouvait pas les laisser converser avec les personnes à qui ils avaient besoin, de parler qu'à une grande distance l'un de l'autre ; et il fallait parler de toutes ses forces pour être entendu et pour entendre : il était défendu de s'entretenir d'affaires politiques.

Nous étions dans de grandes inquiétudes sur le sort de toutes ces personnes-là. Nous étions informés qu'il se formait chaque jour de nouvelles listes de proscription, qui contenaient les hommes à caractère dans toutes les classes. On nous parlait d'une armée qui allait d'un département à l'autre, qui était nommée armée révolutionnaire, portant une guillotine qui aurait coupé le cou aux victimes qui auraient été retirées de ces maisons d'arrêt ou d'autres endroits. On nous parlait des noyades de Nantes, des exécutionsd'Arras, des mitraillades de Lyon, d'une armée sur Rouen , des massacres de Paris, des

incendies des Vendéens, et de leurs combats contre les armées de la république : tout cela nous faisait frémir d'horreur. Nous étions restés sans temple, sans autel et sans sacrifice. On avait changé le
nom des mois ; nous étions tenus de fêter le décadi , qui était le dixième jour où on nous ras-
semblait dans un temple qui avait été une église ,
ou en d'autres endroits, et on nous faisait des
lectures analogues aux circonstances. On défen-
dit aux instituteurs de faire aucun usage des
livres touchant la religion chrétienne. On com-
posa des livres en l'honneur de la république. On
honorait la raison sous la figure d'une déesse :
pour cela on choisissait dans chaque endroit des
filles qui paraissaient vêtues de blanc. On s'adressait à celles qui étaient connues pour ne pas être
ignorantes sur la formation de l'homme ; et si le
chef de l'assemblée jouissait du plaisir de leur
donner l'accolade fraternelle, on avait retiré
des mains du clergé les registres de l'état civil :
on pouvait se marier sans aucun consentement
de ses père et mère, tuteurs et autres parents;
après trois jours de publication des bancs , on
se mariait le jour de décadi , au chef-lieu de
canton. Le mot *toi* était usité avec sévérité : il
fallait cela , ou bien on n'était pas un bon
citoyen ; les élèves tutayaient leurs supérieurs.

Les membres des corps constitués étaient en partie des ignorans qui ne connaissaient pas l'art de lire ni d'écrire ; à peine pouvaient-ils signer leur nom : on nous avait donné des magistrats dans une assemblée qui avait eu lieu, où les votans, soit par dérision, votaient sur cette classe d'hommes grossiers ; et on nous a donné cet exemple qui dit que, quand un homme à caractère ne veut pas accepter les places convenables à son mérite, la peine qu'il encourra, c'est d'être gouverné par celui qui n'en a pas. La terreur ou le mépris avait éloigné des assemblées les hommes utiles ; et ce fut le motif qui donna à l'anarchie un moyen de nous tourmenter.

Nous étions éloignés du théâtre de la guerre, du lieu des exécutions et des massacres, et des pays révoltés. La connaissance des malheurs communs nous venait par des bulletins et les feuilles publiques de la capitale, qui avait une correspondance avec les départemens. Nous frémissions d'horreur lorsque nous entendions la lecture des listes des victimes qui étaient exécutées publiquement dans la capitale et dans les départemens. Par suite des arrêtés des réprésentans du peuple, qui avaient force de loi, nous nous croyions tous les jours à la veille d'être témoins ou du nombre des victimes qui étaient détenues dans les maisons d'arrêt, et qui étaient menacées de tomber sous les coups de ces meurtriers, qui terminaient leurs exécutions sanglantes, aux acclamations et aux cris de joie et de vive la république. Nos représentans, qui étaient nos mandataires , étaient devenus nos tyrans. Notre espoir était en Dieu, qui est le maître de tout ; et il a permis qu'il y eût une majorité d'hommes vertueux qui eurent le courage de provoquer la recherche des auteurs de cette faction sanglante qui désolait la France , d'une extrémité à l'autre. Le chef ayant été exécuté, le sang a cessé de couler ; et, après une recherche générale, ses complices ont eu le même sort, et l'anarchie a cessé.

Le bruit de cette heureuse nouvelle parvint jusqu'au milieu de nous par voie indirecte, et bientôt après les nouvelles officielles , avec ordre d'ouvrir les prisons et maisons d'arrêt , et de faire sortir tous les individus qui y étaient détenus pour opinions politiques ; et ceux qui y avaient des proches et des parens s'empressèrent de leur procurer les moyens nécessaires à leur élargissement. Ainsi nous avons vu rentrer dans leurs foyers, des cultivateurs, des artisans , des domestiques, des nobles , des gens de robe , des eccléstastiques, etc. , etc. Ils se croyaient échappés des mains d'un peuple féroce qui les aurait sacrifiés sans aucune considération.

Après cette délivrance, il s'agissait de remercier en commun la providence de ses bienfaits. Mais le culte divin ne se rendait plus en public; il n'y avait que des oratoires dans des maisons particulières, qui avaient été créés dans les temps que l'abolition a eu lieu. Il nous fallait des prêtres, des églises et des ornemens, et des vases sacrés : tout nous manquait. Mais peu de temps après, il y eut ordre d'ouvrir les églises qui n'avaient pas été profanées, et nous nous sommes trouvés munis des choses les plus utiles, prêtres, livres, chantres, ornemens, et toutes autres choses nécessaires au culte divin. Ainsi les oratoires et les églises se sont trouvés fréquentés par les fidèles: quoique divisés d'opinion, ils honoraient tous le même Dieu. Et peu de temps après l'ordre a été rétabli ; et le service divin n'a eu lieu que dans les églises ou chapelles désignées par les chapitres ayant droit sur iceux.

Nous étions tranquilles sur ce point dont nous avons cherché la cause, et qui nous causa tant d'inquiétudes. Nous avons considéré notre position, et la cause de tant de malheurs depuis le jour où la Bastille a été prise. Nous avons fait la recherche des principaux motifs du désordre, et nous avons pensé qu'il pourrait être trouvé dans l'énoncé qui est écrit ci-après.

Les États-généraux du royaume ayant accordé au tiers-état les fins de sa demande, qui était la suppression des dîmes et des droits féodaux, et l'abolition des priviléges, etc., etc., profitable aux habitans des villes et des campagnes, il ne s'agissait, pour jouir du bénéfice de la loi, que de garder les choses que nous donnions habituellement, soit en argent ou en denrées. Ainsi, d'un instant à l'autre, le cultivateur s'est vu enrichi de la dîme qu'il retenait à son profit sans aucuns débours ; et par ce moyen les curés des campagnes sont restés sans aucuns traitemens, puisque la pension qui leur était accordée pour leur tenir lieu d'indemnité , n'était pas créée. Les propriétaires ont été aussi enrichis de la valeur des denrées qu'ils payaient annuellement aux seigneurs ou au clergé, à cause de leur propriété ; ce qui formait des sommes considérables.

Le trésor royal fut aussi dépouillé d'une partie de ses revenus, qui étaient connus sous le nom de droits-réunis, perçus sur le sel, tabac, cuir , et bien autres choses sujettes à l'impôt ; et ces pertes étaient profitables au tiers-état.

Ces grands avantages rendirent la basse classe du tiers - état hors d'elle-même ; il lui semblait être aux prises avec quelque force invisible qui lui ôtait cet avantage. Elle croyait que ceux qui avaient perçu ces droits ne devaient plus exister sans éprouver l'effet de sa vengeance. Ainsi on a vu des attroupemens chez les nobles, pour les désarmer : la résistance donnait lieu à des séditions ; on pillait et brûlait tout, à l'occasion. Le clergé et la noblesse n'avaient pas d'ennemis plus cruels que ceux qui avaient été, par eux ou par leurs prédécesseurs, protégés ; et la crainte devint générale : la noblesse et le clergé avaient leurs ennemis devant leurs yeux ; les massacres devenaient une chose aisée. Ainsi on ne redoutait plus le supplice. Tous ces excès étaient dirigés par les factieux qui avaient conjuré le renversement de la monarchie française ; et ils avaient, pour exécuter leurs desseins, recours à la classe ignorante et aveugle, qui aime toujours les choses nouvelles. Dans cette circonstance, qui était le commencement des malheurs qui devinrent généraux, des hommes savans aimant leur patrie, voyant les débordemens, ont mis la plume à la main, croyant arrêter le désordre ; ils rappelaient le peuple français à ses devoirs, en émettant dans le public des écrits faits pour inspirer la crainte de Dieu, le respect pour les lois, et l'obéissance aux ordres du Roi : ces écrits circulaient dans nos campagnes. D'autres écrits et chansons injurieuses à la majesté divine étaient débités sous la protection des autorités locales du lieu, empêchaient l'effet des autres, qui n'étaient goûtés que par une faible partie du peuple qui restait fidèle à la patrie.

Des séditions, des massacres avaient lieu sur une partie de la noblesse ; ce qui donna lieu aux autres de craindre pour leur fin dernière. C'est pourquoi on a vu un grand nombre de ces familles quitter le sol qui les avait vues naître, pour aller chercher un asile dans une terre étrangère où leurs personnes seraient en sûreté, et y vivre paisiblement.

Une grande partie de la noblesse avait pris ce parti ; il ne restait en France que la famille royale, qui courait de grands dangers, étant sans appui, au milieu d'un peuple révolté qui la retenait à Paris, surveillée et observée.

Les factieux donnaient au peuple français des craintes au sujet des forces étrangères ; ils disaient, en parlant des nobles et des prêtres : S'ils rentrent en France, on payera les impôts comme auparavant, et ils useront de vengeance sur vous. Alors il se fit un mouvement populaire dans toute les classes, et bientôt après des en-rôlemens volontaires ont eu lieu ; un grand nombre d'ouvriers, artisans, domestiques, bour-geois, et autres, s'acheminèrent vers le lieu du rassemblement pour être formés en bataillons, et marcher ensuite aux frontières. On avait été quel-que temps en jouissance des avantages qui avaient été donnés au tiers-état au détriment du clergé et de la noblesse. Pourquoi on a préféré le parti de la guerre et ses horreurs qui étaient incon-nues, plutôt que de consentir à exister de nouveau sous les lois de l'ancien régime. On disait : Depuis que je ne paye plus de dîmes, j'ai profité par an de...... Depuis que je ne paye plus de droits sur mes cuirs, je profite considérablement. Un autre disait : Depuis que je ne paye plus d'entrée sur les boissons ni de droits sur le sel et tabac, cela me vaut...... D'ailleurs je suis libre..... L'autre disait : Je peux chasser à présent, rien ne m'en empêche. L'autre disait : Ces diables de maî-trises me tenaenit les bras liés ; je sais travailler mieux que mon maître ; je n'avais pas d'argent pour payer une maîtrise, et je travaille, et je gagne ma vie ; vive la liberté ! Toutes ces considération, jointes à bien d'autres de tout genre , rendirent le peuple français dans un état de délire; l'égalité en droits lui donnait l'idée de croire qu'ils seraient tous un jour égaux en fortune avec les riches, mais que pour arriver à ce but il fallait avoir la guerre nécessairement; et on voyait continuellement les domestiques, compagnons et autres dire à leurs maîtres : Cherchez quelqu'un pour faire votre ouvrage , parce que je me suis engagé et je m'en vais à la guerre : un grand nombre d'hommes mariés les encourageait ou imitait leur exemple. L'ordre des successions ayant été changé, les partages furent faits également entre frères et sœurs, et la Normandie offrait un tableau singulier. Les puînés et les filles considéraient les ainés comme leurs ennemis ; ils craignaient que le sort des armes n'occasionnât un changement : les pères et mères les entendaient se disputer entre eux à l'occasion de leurs successions; et ils ont vu plusieurs fois les cadets partir à la guerre. Enfin il semblait que l'ancien régime était parti au delà des frontières; qu'il fallait former des citadelles d'hommes pour en empêcher le retour. Ces départs furent pour nous une chose incompréhensible , et nous donnèrent de grandes inquiétudes.

L'émission des assignats ayant eu lieu dans

nos campagnes, occasionna un grand renchérissement sur toutes les denrées de première nécessité. Il venait des acheteurs chez nous et ils revendaient les marchandises que nous leurs avions vendues; telles que beurre, fromages, volailles, etc., etc., bien au-dessus du prix qu'elles leur avaient couté : ce fut à cette époque que le cultivateur commença de faire de gros gains sur les fermages ; il vendait au cours du commerce, et il payait ce qu'il devait, valeur nominale : loyers, impositions, domesmestiques, gens de journée et autres. L'augmentation fut générale sur toutes les productions, et un grand nombre d'individus, tels que fonctionnaires publics, salariés, propriétaires, capitalistes, artisans et autres, ne recevaient pour salaire et revenus de bien qu'une faible valeur réelle ; et il fallait pour entretenir leur état, des sommes considérables. Il fut fait des remontrances au gouvernement à ce sujet; et pour remédier à cela, on a décrété une loi qui se nommait loi du *maximum,* qui était un prix fixe sur telles et telles denrées : le blé, les œufs, le beurre, la viande, la chandelle, le savon et bien d'autres choses étaient taxées. Cette loi fut funeste au commerce; aussitôt qu'elle fut promulguée, tous les objets sujets à la taxe disparurent.

Il fut créé des commissaires qui allaient chez les marchands pour les forcer de donner leurs marchandises au prix de la taxe : ces commissaires étaient considérés aux yeux du public comme des voleurs publics ; il est arrivé plusieurs fois qu'ils ont fait livrer à plusieurs marchands un si grand nombre de marchandises, qu'ils ont été ruinés, n'ayant pu les remplacer au taux qu'ils avaient vendu. Ces commissaires étaient requis par des agioteurs qui revendaient ces marchandises à leur corps défendant, ou ils les gardaient en attendant l'occasion : ces individus étaient dans la classe des grands révolutionnaires.

Ces opérations furent suivies d'une disette générale ; plus de blé aux halles, plus de pain chez les boulangers, plus de beurre, œufs, chandelle, fromage et savon au marché ; plus de viande à la boucherie. Tous ces genres de commerce se faisaient en cachette lorsqu'il était parlé du prix du maximum ; on obtenait ce dont on avait besoin par ruse ou par force, et rien autrement ; l'amande, la détention des contrevenans à la loi, ne produisaient aucun effet sur les autres. Il y avait un tel désordre dans le commerce, et de mauvaise foi, qu'il est arrivé un trait remarquable dans cette histoire à un cultivateur qui a été forcé de donner son blé au maximum ; il lui a été offert un boisseau de son pour un boisseau de blé, parce que le blé était taxé, et que le son ne l'était pas et qu'il était payé la même valeur.

Pendant ce temps misérable , une grande quantité d'individus étaient réduits à manger du pain de son, et ils en manquaient souvent ; celui qui avait du pain, le dérobait à la connaissance de celui qui faisait la visite. Il y avait des cachettes dans bien des endroits. Il y avait des gens assez confians aux lois du temps, qui gardaient les assignats par épargne, et ils n'étaient aucunement approvisionnés ; d'autres , toujours plaintifs , avaient des provisions de toute espèce, crainte de jeûner. S'il arrivait que les commissaires trouvassent une cachette de blé ou de farine ou de pain cuit, on en laissait pour un temps limité, et on distribuait le surplus ; souvent il y avait des individus qui avaient part à ces distributions, et qui avaient des provisions au-dessus du nécessaire. Les chemins, les villages étaient remplis d'individus qui étaient sortis de chez eux, portant avec eux des assignats , de l'or , de l'argent, des bijoux, des montres, des croix, de la vaisselle d'argent, des marchandises de prix ; ils marchaient jusqu'à ce qu'ils eussent trouvé du blé, du seigle, de la farine. Il existait des agioteurs qui achetaient ces denrées aux cultivateurs , les enlevait nuitamment, et les livraient à d'autres qui en faisaient un commerce : ils étaient au comble de leurs désirs ; on leur donnait le prix qu'ils demandaient de leur blé. En public , ils disaient : Je n'ai pas de blé à vendre, il faut que j'en achète pour attendre la récolte. Et en secret ils disaient : Je veux le vendre tant. Il fallait être considéré pour en avoir à tel prix. Ils augmentaient à volonté; puisqu'un jour un cultivateur livrait deux petits boisseaux de blé pour dix-huit francs à un particulier qui avait vingt-quatre francs, et qui lui demanda une autre partie de blé pour les six francs qui lui restaient, et que le cultivateur lui répondit : Je le veux bien , mais je veux l'augmenter; et il fallut passer par le prix qu'il désirait : les cultivateurs étaient insatiables, et ne désiraient que l'argent ; ils avaient en horreur les assignats.

Nous étions réduits à mourir de faim, si par la voie du commerce, il n'était arrivé chez nous des blés picards, qui se vendaient publiquement pour de l'argent; et c'est par cette voie que les cultivateurs de nos environs ont été obligés de se conformer au cours du commerce, et le blé et le pain ont été de nouveau vendus aux halles.

Les assignats ont été la cause que bien des personnes ont été ruinées ; il n'y a que les agioteurs qui ont profité : ils connaissaient le cours du change de ce papier monnaie ; ils donnaient des assignats en échange pour de l'or et de l'argent monnayé ; ils trouvaient ces occasions par renseignement. La loi défendait ce misérable commerce dans l'intérieur de la France, mais cela était fait entre quatre yeux, il n'y avait pas de témoins. Il y avait des personnes en grand nombre, qui, quoique sachant que le gouvernement était républicain, conservaient avec confiance les assignats à face royale, particulièrement des petits de cinq francs, que l'on nommait des corsets ; d'autres les gardaient tous en portefeuille, espérant toujours qu'ils reviendraient en valeur : mais les uns et les autres ont eu le même sort ; les assignats perdaient plus de cinquante pour cent, et on payait en valeur nominale, croyant qu'il n'y avait rien à perdre, les recevant. On croyait que c'était la marchandise qui augmentait, mais c'était le papier qui perdait sa valeur ; on connaissait cette baisse, en suivant le cours du commerce d'assignats, qui se faisait à Paris pour de l'argent, publiquement ; et dans nos campagnes, si le commerçant promettait de payer en assignats et en argent, il y avait, par ces échanges, moyen d'exécuter le marché; ainsi on vit diminuer peu à peu la valeur des assignats : ils ont été vendus pour deux francs les cent francs, et c'était pour payer des choses qui se payaient valeur nominale.

Le gouvernement n'étant point dans le cas de rembourser ces assignats, imagina un moyen pour les faire anéantir. On créa un autre papier monnaie, qui se nommait mandat, et on fit publier partout que ces mandats étaient reçus en valeur de contributions; on indiqua les bureaux de l'enregistrement qui échangeaient ces mandats contre des assignats; ainsi on voyait un grand nombre d'individus porter des portefeuilles remplis d'assignats qui étaient dès le commencement de leur création dans leurs mains, provenant de remboursemens qui leur avaient été faits ; d'autres avaient fait des échanges en donnant or ou argent; d'autres d'une autre manière; et tous regrettaient d'avoir été trop confians : mais le mal était sans remède. Pour les consoler, on leur remettait des mandats pour les valeurs d'assignats : et quelque temps après ils ont cessé d'avoir cours, et tout fut perdu.

Nous avons été quelque temps sans payer aucune contribution, puisque les impôts n'étaient pas créés; et, pour y parvenir, on a fait le dé-

nombrement de toutes les propriétés foncières.
Il y eut même une estimation générale pour connaître par approximation les revenus annuels ;
et cette opération étant faite, on créa les impôts
qui existent, tels que l'impôt foncier, l'impôt mo-
bilier, l'impôt des portes et fenêtres, l'impôt des
patentes : le droit du timbre fut considérablement augmenté ; les droits sur les successions
le furent aussi beaucoup. Il n'y avait plus de contributions indirectes à cette époque. La suppression de la dîme et des droits féodaux occasionna un
grand changement dans le commerce sur les produits agricoles. Cette suppression est devenue profitable aux cultivateurs par les moyens ci-après.

La dîme était le dixième de la récolte ; elle
était perçue en nature : les décimateurs avaient
des magasins pour y porter les denrées qui leur
étaient données.

Les rentes seigneuriales étaient en grande
partie aussi payées en nature, et formaient d'autres
magasins ; et dans ces magasins on y trouvait des
ressources, telles que paille, fourrages, grains,
vin et eau-de-vie, selon la production du sol.
Mais quand toutes ces denrées ont resté chez
les cultivateurs, ils étaient les maîtres de ce
commerce ; il n'y avait plus de concurrent à
craindre ; et c'est ce qui occasionna l'aisance

du cultivateur. Les denrées ayant été souvent, par agiotage, considérablement augmentées, cela donna lieu au propriétaire d'augmenter ses revenus. Une circonstance extraordinaire donna de grandes inquiétudes au public. On avait fait le dénombrement de tous les terrains produisant des denrées servant à la nourriture de l'homme, et pris pour approximation la quantité du produit du sol. On avait le dénombrement de tous les individus qui existaient en France ; et les calculateurs ont fait un résumé du travail, et ils ont établi que la France ne pouvait nourrir par ses productions sa population. Alors l'inquiétude devint générale : on croyait qu'une partie du peuple cesserait d'exister à l'avenir, faute de nourriture ; on craignait d'être du nombre des mourans, et on faisait des provisions d'armes pour échapper à la mort, et toutes ces conjectures étaient des faveurs pour les détenteurs de denrées de première nécessité. La guerre, disait-on, est nécessaire pour la destruction du peuple de la basse classe ; et l'anarchie détruisant la haute classe, on avait lieu de croire d'être préservé de la famine. Ces bruits circulaient dans le public et donnaient lieu au défrichement de terrains vagues, bons ou mauvais : on allait sur les terrains, le drapeau tricolore déployé, commencer ces défrichemens , ayant en tête du rassemblement , les premières autorités locales des lieux, et on travaillait en famille ; mais on fut obligé de cesser d'avoir ces inquiétudes et ces défiances, et de s'en rapporter à la providence.

L'ancien ordre judiciaire étant aussi supprimé, on a établi, pour premier juge des différens, des parens réunis en conseil de famille , et celui qui avait des plaintes à faire s'adressait au conseil et exposait ses motifs de plainte ; il était obligé de surseoir aux poursuites, si on le croyait mal fondé : cette organisation a cessé ; on s'est aperçu que tous les hommes ne sont pas propres à la conciliation ni au jugement. On a établi des juges de paix qui jugeaient après avoir pris l'avis de deux individus qui assistaient aux audiences; on les nommait des assesseurs. On a établi des juges criminels qui jugeaient le s crimes reconnus par un juri qui avait connaissance des faits ; et déclarait, par oui et non, si le prévenu était ou n'était pas coupable : cela se pratique encore aujourd'hui de la même manière.

On a fourni plusieurs codes, le code rural, le code des délits et des peines ; les peines étaient criminelles , ou correctionnelles , ou de simple police. On a formé une autre juridiction , qui est la juridiction administrative, où la connaissance du droit n'est pas nécessaire.

L'ordre judiciaire a souffert, ayant été interrompu souvent. Pour en être membre, il fallait justifier d'un certificat qui se nommait certificat de civisme. On était nommé sur l'attestation d'un nombre d'individus qui attestaient que l'individu avait les principes révolutionnaires ; sans cela il ne pouvait exercer ses fonctions : si on le lui refusait, il était tenu de cesser son emploi. Souvent des gens de la populace signaient ces certificats. On a vu de savans jurisconsultes, éloignés des tribunaux, et être remplacés par des ignorans, qui avaient eu l'adresse de se faire considérer partisans de la révolution, réunissant les suffrages de la classe la plus nombreuse. Et cette formalité a cessé d'être remplie lorsque l'anarchie a cessé ; et peu à peu l'ordre a été rétabli.

La cause des malheurs communs commença le jour de la prise de la Bastille, puisque selon les instructions qui nous étaient parvenues, le but de l'assemblée des États-généraux était d'aviser aux moyens de faire cesser le désordre qui existait dans les finances, soit par des moyens d'économie, ou par la création de nouveaux impôts : tous les sujets de l'obéissance du roi étaient disposés à obéir aux ordres qui leur auraient été donnés ; mais les factieux profitèrent de cette circonstance pour bouleverser tout l'ordre social par la sédition qui eut lieu au sujet de la Bastille. Il n'y avait plus de force militaire pour faire rentrer dans l'ordre les séditieux qui avaient des partisans dans les trois ordres ; l'autorité royale fut méconnue ; le drapeau et la cocarde tricolores furent arborés aux cris de vive la nation ! et ce fut le commencement du règne du plus fort et du plus méchant. Les bruits de ces changemens nous parvinrent indirectement, et ensuite officiellement. Alors nous étions trompés dans nos attentes, et nous nous attendions à de grands événemens, nous voyions arriver dans nos campagnes des militaires qui avaient quitté leurs drapeaux sans permission; ils restaient paisiblement avec nous, propageant l'esprit révolutionnaire ; et nous avons vu que l'impunité enhardissait le crime, lorsque nous avons appris que la Bastille, qui était un château fort, où on détenait les prisonniers d'État, allait être démolie ; que tous les prisonniers étaient évadés ; que cette démolition avait lieu pour mettre fin au pouvoir tyrannique. Et en mémoire de la victoire que le tiers-état avait remportée sur les troupes royales, on avait créé une fête qui devait avoir lieu tous les ans, au quatorze juillet, jour de la prise, qui serait célébrée aux acclamations du peuple , qui ferait connaître sa joie , par ce cri d'allégresse : Vive la liberté.

Ce fut la liberté qui causa le plus de ravages en France. Des savants nous disaient : liberté sans raison est une arme funeste. Mais nous n'y croyions rien ; il nous fallait de l'expérience.

Nous avons aperçu peu à peu que les factieux observaient tous les mouvemens populaires qui avaient lieu en France, qui leur étaient favorables ; et , après que le peuple fut endoctriné par des émissaires qui inspiraient secrètement la défiance et le mépris aux volontés du Roi, ils occasionnèrent une nouvelle sédition contre la famille royale, qui fut obligée de quitter son palais pour habiter la capitale , cédant à la force , après que ses gardes furent mis hors de combat; voulant par cette obéissance empêcher le sang de couler : alors plus d'autorité , plus de Roi , et nous étions abandonnés , et dépendans du plus fort.

Il nous parvenait des écrits qui nous démontraient que l'Europe observait les mouvemens et les progrès de cette insurrection : la cause du Roi fixait ses attentions , en le considérant en état de captivité au milieu de ses sujets.

Les factieux redoutaient le supplice qu'ils avaient mérités, et se proposaient de repousser la force par la force, en cas d'attaque de la part des puissances étrangères. Ils ont débité et fait débiter de nouveaux écrits parmi nous, qui nous peignaient le règne des rois un règne tyrannique, et tout contraire aux principes de liberté dont jouissait la France ; ils désignaient comme l'ennemi du bon ordre celui qui ne partagerait pas cette opinion ; ils tenaient le pouvoir suprême, ils proscrivaient à volonté ; tout leur était soumis ; et ce fut par ces moyens qu'ils proclamèrent la république en France, sur les débris de la royauté.

Les effets de la révolution ont trompé toutes les attentes. Le roi de France a appelé les États-généraux du royaume, afin de rétablir l'ordre, comme un souverain qui aime ses sujets; et on ne s'attendait pas à le voir monter sur l'échafaud, ainsi que la reine, après avoir été condamné à mort par ses sujets ; et le reste de la famille royale à périr en partie, et l'autre à n'échapper à la mort que par la fuite, en quittant cet État.

Le clergé qui avait refusé le serment, entend avec une joie secrète la lecture du décret qui prononce son exil ; il se voit par ce moyen échappé au massacre , et il espère rentrer dans ses possessions , protégé et soutenu par des forces étrangères. Il place ses effets en dépôt chez ses amis, en disant : je ne serai pas long-temps à vous revoir.

La noblesse sort au-delà des frontières pour se ranger en bataille ; elle croit qu'étant aidée et soutenue par des forces étrangères elle rétablira le trône et l'autel, et rentrera dans ses possessions. Le soldat volontaire sort de chez lui pour aller se battre contre tout ce qui se présentera à lui pour envahir le territoire français; il se joint aux troupes de ligne qui sont rentrées en France ; et le surplus fait partie des forces qui doivent le combattre ; et voici le résultat.'

Les Français se sont battus contre les Français ; ils se sont battus contre les étrangers , tantôt vainqueurs, tantôt vainçus ; ils ont forcé les ennemis de la France ; ils ont conquis une grande partie des États voisins ; ils ont tenu ces pays pendant un certain temps , comme pays conquis; après, ils en ont réuni une partie; ils en ont formé des républiques ; ils ont conquis plusieurs capitales de royaumes, et ils ont fait fuir les rois, qui ne sont rentrés dans leurs États qu'après des arrangemens qui ont été faits ; ils ont fait trembler toute l'Europe, lorsqu'elle croyait les faire rentrer dans le devoir. Le fléau de la guerre fut funeste à tous les États, même à la France ; puisque, plus les armées françaises étaient victorieuses, plus l'anarchie était cruelle au dedans. Ainsi, le nombre de morts a été innombrable de part et d'autre, sans que le sort des armes ait rien décidé : celui qui était battu n'était pas vaincu. Les armées de la république avaient aussi à combattre un grand nombre d'individus, que l'on nommait des Chouans, qui étaient conduits par des chefs qui combattaient contre les troupes républicaines, refusant toute obéissance, ne connaissant que les ordres du roi ; et cette résistance causa la mort de bien des Français, et fut la cause que plusieurs départemens ont été dévastés, brûlés et rasés : et ce sont à des conditions qui ont été arrêtées entre les chefs et le gouvernement républicain, qu'ils ont été pacifiés, et que la tranquillité fut rétablie.

Tant de victoires remportées avaient rendu le nom français redoutable à tous les peuples voisins. Ils avaient pour devise la liberté ; et cette liberté fut le motif et la cause qu'une grande partie des colonies françaises ont été ravagées, et que les nègres ont détruit un grand nombre d'habitations, et massacré tous les Français qui les habitaient, et ont secoué le joug de la France, et sont restés indépendans, ce qui causa un grand dérangement dans le commerce, et une perte réelle. Et cette liberté avait été proclamée pour le bonheur du peuple : mais ce fut à cette occasion que nous avons vu naître le commencement du malheur commun.

Nous avions fourni les réquisitions qui nous avaient été faites pour commencer la guerre : telles que chevaux, voitures, habillemens, équipemens, etc., etc., et des hommes de bonne volonté, et réquisitionnaires ; et on nous disait : la guerre ne sera pas longue. Mais il est arrivé que la guerre nourrissait la guerre ; que les gens de guerre n'aiment pas la paix. Nous nous sommes vus entre l'enclume et le marteau, obligés d'attendre que le moment de la paix fût arrivé, pour jouir du fruit de nos travaux.

La guerre n'était point le vœu de la majorité des Français ; elle n'avait été occasionnée que par un petit nombre de factieux, qui, pour ne pas rentrer dans le devoir, lors du manifeste des puissances étrangères, avaient appelé à leur secours un grand nombre d'individus qui ont combattu vaillamment, et fait des prodiges de valeur : mais ces avantages consistaient à dé-

chaîner le vice et à enchaîner la vertu ; puisque nous voyions ces propriétés qui avaient été
prises par le gouvernement sur les émigrés et
le clergé, être la proie de ces bandes familières
aux opérations du gouvernement républicain,
qui vendait ces biens à long terme, et recevait
en payement un papier monnaie qui diminuait
de valeur chaque jonr. Nous avous vu des
hommes de cette bande qui étaient dénués de
toute ressource et de tout crédit, faire des achats
considérables de ces propriétés, pour en faire
un trafic de plusieurs centaines de mille francs.
Ces hommes étaient des enragés patriotes qui ne
respiraient que le sang et la dévastation ; et ce
fut à la vue de ces dilapidations que les soldats
commencèrent à se décourager, et à rentrer
dans leurs foyers, refusant le service militaire :
et ce fut le commencement du malheur de la
jeunesse, qui fut moissonnée avant d'être mûre;
et ce fut pour les législateurs un travail pénible,
lorsqu'il a fallu créer des lois de circonstance,
pour tenir les soldats victorieux à leur poste.
Nous voyions par là que ce n'était pas le vœu
de la nation française; qu'il n'y avait que les acquéreurs de biens nationaux, qui craignaient
d'être obligés de rendre, qui désiraient qu'elle

fût continuée, et le petit nombre de factieux qui craignaient d'être punis.

Il y avait déjà bien des années que la révolution était commencée, quand l'anarchie cessa en France ; nous étions alors sous les lois républicaines, et c'était la deuxième constitution qui nous avait été donnée : la première nous fut donnée par l'assemblée constituante, et la seconde par la convention nationale. Sous la première, on fit plusieurs lois qui sont encore en vigueur ; et sous la seconde il y eut beaucoup de lois de circonstance : on nous disait que la republique était un enfant nouveauné, qu'il fallait endurer jusqu'à ce qu'il fût en âge : c'était avec ces principes que la France souffrait avec résignation tous les fléaux qu'elle a endurés.

Après que le sort des armes eut décidé du sort des armées étrangères, et des armées des émigrés, qui étaient en désordre, et quoique la mort fût le supplice qui devait avoir lieu sur les individus qui seraient convaincus d'avoir entretenu des correspondances avec les émigrés et les prêtres, et qu'elle eût été mise au nombre des lois à exécution, cela n'a pas empêché qu'un grand nombre de ces malheureux rentraient dans leur patrie clandestinement : ils y étaient reçus par

des mains secourables qui leur donnaient l'hospi-
talité. Ils passaient un temps dans un endroit,
et un temps dans un autre. Du nombre des
prêtres, il s'en trouvait qui ne s'étaient point
expatriés et qu'on avait cachés dans des lieux
secrets, à l'abri des recherches continuelles qui
étaient faites sur le plus léger soupçon.

On avait créé une loi contre les déserteurs et
ceux qui les recevaient, qui était moins rigou-
reuse que celle rendue contre les prêtres et les
émigrés, et ceux qui les recevaient : on rendait
responsables les parens du déserteur, et on
condamnait à l'amende et à la détention celui
qui les recevait. Malgré cette loi, la désertion
devenait de plus en plus fréquente : les déserteurs changeaient de pays, ils déguisaient leur
nom ; ils passaient ainsi le temps dans des
craintes continuelles ; et lorsque le lieu de leur
retraite était découvert, on se saisissait de leur
personne, et on les conduisait à leurs corps de
brigade en brigade.

Cette surveillance était confiée aux autorités
locales de chaque endroit, qui correspondaient
avec un individu qui était nommé le commis-
saire du directoire : on les choisissait dans la
classe des individus qui avaient fait preuve de
leur civisme ; ils étaient prêtres mariés, ou

apostats, ou acquéreurs de biens nationaux ; hommes fertiles en détours. La plupart n'étaient pas au-dessus du besoin : on parvenait souvent à éluder le vœu de la loi, de ces lois arbitraires, avec certains appâts que la langue refusait, mais que le cœur et la main acceptaient. On voyait que l'état des choses était variable : la nation française ne respirait que la tranquillité ; et les factieux la craignaient. Nous nous attendions que tôt ou tard la providence seconderait les vœux de la France, et qu'elle mettrait un terme au fléau de la guerre, et donnerait la paix à l'Europe.

Après avoir écrit un aperçu de ce qui s'est passé en France depuis le commencement de la révolution, jusqu'au jour où le culte catholique a été professé publiquement, on verra ci-après quelle en a été la suite.

L'anarchie ayant cessé, chacun conjecturait à sa manière. Les jacobins étaient déconcertés, voyant que la tête des chefs était tombée ; l'aristocrate voyait arriver l'instant où il pourrait se venger du mal que les jacobins lui avaient fait souffrir. Ces derniers avaient poussé leur extravagance au point de violer leur asile, pour les entraîner les jours de décadi sur les places publiques, et, en présence du public, leur faire baiser l'arbre de la liberté. D'autres avaient été entraînés à l'église par force, pour assister à la messe des prêtres assermentés ; d'autres avaient enduré des peines rigoureuses. Ils croyaient en être punis : on avait saisi tous les registres qu'ils tenaient, on connaissait leur correspondance. Ils recevaient les dénonciations du mari contre la femme, et celles de la femme contre le mari ; des enfans contre les pères et mères , et contre les frères et sœurs, des domestiques contre les maîtres , des voisins l'un contre l'autre ; et ces dénonciations avaient causé un grand dérange-ment dans un nombre de familles qui étaient suspectes , manquant de civisme. Tel était le crime qui méritait d'être arrêté , et conduit dans les maisons d'arrêt pour être à la dispo-sition de ces jacobins.

Il parvint dans nos campagnes des ordres pour faire la recherche des chefs de cette fac-tion ; ils étaient désignés sous le nom de terro-ristes. On avait envoyé des régistres en blanc , où il ne s'agissait que de remplir les noms des coupables ; mais ces registres furent , en grande partie, renvoyés tels qu'ils étaient. On a con-sidéré plus d'hommes égarés que de coupables : dès qu'on avait donné asile aux prêtres non assermentés, et aux émigrés, et aux déserteurs, en éludant les dispositions de ces lois sanguinaires, suscitées par l'anarchie, on usa aussi d'indulgence envers ces misérables qui avaient osé profaner les églises, massacrer les saints, et blasphémer contre Dieu et contre le Roi, en révérant un Pelletier et un Marat, qui avaient été les premiers sectateurs de la nouvelle religion : contre lequel Marat Charlotte Corday, comme une autre Judith, arma son bras d'un poignard, et lui ôta la vie, sachant bien que la mort l'attendait après cette action.

Nous avons considéré ces individus, après que l'anarchie a cessé d'exister parmi nous, comme un serpent dont la morsure a cessé d'être venimeuse. Mais la justice divine les a frappés d'une manière exemplaire : nous les avons presque tous vus terminer leur vie d'une manière pitoyable ; les uns desséchés, les autres perclus ; d'autres ont eu leurs facultés intellectuelles aliénées, et d'autres sont morts en désespérés, etc. etc. etc.

Nous avions oublié tous nos malheurs publics, et nous craignions le commencement d'un autre genre d'anarchie, qui était occasionnée par la vengeance ; mais il nous est parvenu des ordres de tenir secrètes ces listes de proscriptions, ces registes de dénonciations.

Alors il n'y avait plus de moyen de connaître ses ennemis, et ce fut par ce moyen que la tranquillité a commencé à se rétablir dans l'intérieur. Les meneurs avaient composé une chanson que l'on nommait le réveil du peuple, qui était analogue aux circonstances. Elle était en opposition avec le Ça ira, et l'hymne des Marseillais : le Ça ira provoquait au massacre et au pillage, et l'hymne des Marseillais faisait courir aux armes. Il y eut du trouble dans les grandes villes à l'occasion de cette chanson, dans les spectacles, et autres endroits publics, et elle fut défendue comme contraire à la tranquillité publique, par ordre des autorités ayant surveillance sur tout ce qui peut troubler l'ordre.

La France ayant changé le gouvernement monarchique en un gouvernement démocratique, il y eut une grande confusion dans toutes les classes de la société, et un changement dans les mœurs des habitans des villes et des campagnes. Toutes les institutions étaient changées. On avait été forcé d'obéir à des circonstances créées par l'effet de la révolution qui nous entraînait comme un torrent. On avait à combattre bien des fléaux qui, étaient : les assignats, la guerre, le maximun, l'anarchie, les réquisitions, la cherté des vivres, et bien d'autres, qui étaient créés par l'effet des circonstances. Mais, malgré les craintes continuelles, on voyait chacun à sa manière dans l'avenir, en laissant à la providence le soin des opérations qui avaient lieu.

L'émission des assignats favorisait la vente des domaines nationaux, qui devenaient des propriétés particulières dans les mains des acquéreurs. Bientôt après, on a vu commencer les démolitions d'un grand nombre d'édifices publics, tels que couvents et autres; avec les démolitions, on a bâti sur les terrains vagues. Ceux des édifices qui présentaient un avantage au commerce, y ont été consacrés; tout se pratiquait selon le génie des acquéreurs.

On a vu ces grandes propriétés divisées, et enrichies par une nouvelle culture ou par de nouveaux établissemens utiles au commerce, soit par des jardins, ou fabriques, ou autres établissemens qui ont agrandi les grandes cités et les petites villes et les bourgs. On connaissait le passé, on ignorait le présent, et on travaillait pour l'avenir.

Une circonstance qui a beaucoup fovorisé tous ces changemens et augmentations et res-

sources, ce fut la libre circulation des vins et
aux-de-vie, et des denrées coloniales, telles que
café et autres, qui étaient transportées d'un endroit à l'autre, sans être tenues d'acquitter aucuns droits, pas même pour ce qui venait de
l'étranger. Chacun offrait le produit du sol qu'il
habitait à celui qu'il croyait en avoir besoin; et,
par l'effet du commerce, ces productions furent
introduites dans nos campagnes, comme un remède nécessaire à la maladie du corps politique,
occasionnée par la révolution.

Nous autres habitans des campagnes, étant
sans éducation, sans connaissance, nous désirions savoir des voyageurs qui allaient
d'une ville à l'autre, quelles étaient leurs manières d'opérer dans les circonstances présentes;
et, pour tenir la conférence, dans les endroits du
rassemblement on vendait du café, de l'eau-de-
vie, du vin, et autres liqueurs enivrantes ; et
quand chacun avait pris un petit verre, il parlait avec franchise, on disait chacun son mot
à son écot. On s'encourageait mutuellement
dans ses peines ; chacun avait les siennes.
Les uns disaient que Dieu n'était pas celui
d'un autre, et chacun suivait son penchant na-
turel. Les anarchistes formaient des projets, les
gens tranquilles redoutaient et craignaient ;

mais il fallait rester au poste, on ne pouvait s'éloigner du lieu que l'on habitait : la défiance était générale, et les malheurs communs.

Le résumé de toutes les conférences consistait à encourager celui qui augmentait sa fortune, et à aviser celui qui voyait la sienne diminuer; et, par un accord surnaturel, les uns et les autres arrivaient, en cultivant la terre avec courage, pour qu'elle produise davantage, à rendre leur sort plus heureux, ou moins malheureux. Nous nous sommes aperçus que les grandes villes étaient travaillées d'une autre maladie; les productions des campagnes ne leur parvenaient plus par la voie du commerce honnête; ce n'était plus qu'un agiotage. Nos denrées ne parvenaient chez les consommateurs qu'après qu'elles avaient passé par les mains des regrattiers qui bénéficiaient les uns sur les autres; et bientôt après il nous est parvenu dans nos campagnes un grand nombre de mendians qui étaient à la charge commune, ne pouvant exister que par aumônes. Si nous avions l'avantage de vendre nos denrées cher au marché, il fallait partager le bénéfice avec celui qui ne pouvait pas payer, étant dénué de ressources pécunaires.

Pour rendre nos terres plus fécondes, nous

avons cherché les choses qui nous étaient plus avantageuses, soit en semence, soit en engrais. Nous avons pris l'usage du plâtre pour engrais ; celui des trefles, luzernes et bourgognes, pour semences ; et nos terres se sont trouvées changées en prairies artificielles, qui produisaient une grande quantité de fourrage, ce qui donna lieu à l'augmentation des bestiaux pour la consommation. Ainsi la culture des terres fut une des ressources essentielles, qui nous servait au besoin ; la culture des pommes de terre, que nous regardions auparavant uniquement pour faire des engrais, fut cultivée avec un avantage inconnu, puisqu'elles remplacèrent le pain de froment qui nous manquait par l'effet d'une famine factice.

L'introduction du plâtre nous parvint par voiture de retour des grandes villes qui consommaient les produits des forêts, tant dans les fabriques que pour le chauffage, depuis que les charbons de terre ne parvenaient plus par l'effet de la navigation : le plâtre nous parvenait en poudre. Mais on a établi des plâtrières dans nos campagnes ; et c'est à ces établissemens qu'on dut l'introduction de la pierre qui produit le plâtre, dont l'utilité est reconnue pour servir d'engrais.

Les assignats produisaient des effets différens, selon les circonstances ; chez les uns, ils se trouvaient en confusion par l'effet du remboursement ou par l'effet du commerce ; chez les autres, par l'énorme cherté des denrées de première nécessité. Mais cette monnaie diminuait de valeur chaque jour ; et on s'apercevait bien qu'il y aurait une perte réelle tôt ou tard. Le grand nombre d'assignats augmentait la fortune du cultivateur ; et ce fut à cette occasion que le luxe a été mis en usage chez eux. Après qu'ils avaient payé les impositions, les propriétaires, les domestiques, et toute chose qui se payait valeur nominale, il leur restait beaucoup d'assignats, puisque les denrées qu'ils vendaient étaient augmentées. Les uns employaient l'excédant à acheter de beaux meubles ou autre chose nécessaire à l'augmentation de leur fortune ; mais d'autres tenaient renfermée secrètement cette monnaie, croyant qu'elle serait un jour remboursée en numéraire ; et ceux-là se trouvèrent plus pauvres à la fin du papier qu'auparavant.

Tandis qu'une classe d'individus augmentait sa fortune rapidement, plusieurs autres étaient réduites à la mendicité. Un grand nombre de domestiques avaient laissé chez leurs maîtres leurs gages pour les toucher dans le besoin ; on les forçait de recevoir des assignats au lieu d'argent ;

et, ne connaissant aucune espèce de commerce, ou étant confians, ils ont vu leurs épargnes disparaître : il en est de même de ceux qui avaient reçu d'autres remboursemens. Une autre classe d'individus avait une telle confiance aux assignats, qu'ils échangèrent leur numéraire contre cette monnaie. On voyait des marchands d'argent qui parcouraient les campagnes pour faire ce commerce clandestinement ; mais cela se communiqua rapidement dans toutes les places de commerce ; et on connaissait la valeur des assignats au cours de la place, et on vendait et achetait librement partie en numéraire, et partie en assignats : le propriétaire s'est vu souvent payé par son fermier le terme de sa ferme qui aurait été de cinq cents francs, et n'avoir pas assez de valeur pour acheter dix livres de pain.

Il y eut dans nos campagnes une agitation générale, à l'occasion des assignats ; chacun s'empressait et avisait aux moyens d'acquitter ses dettes, en forçant ses créanciers de recevoir cette monnaie sans valeur. Il existait dans la capitale un agiotage qui donna lieu à des plaintes continuelles ; les membres du gouvernement ne pouvaient plus exister ; étant salariés, ils n'avaient droit d'exiger que des assignats, valeur nominale. On voyait des vaches vendues au marché, jusqu'à cent mille francs, ou trois cents francs d'argent en numéraire, etc., etc.

Le gouvernement républicain était seul accusé d'être l'auteur de ce désordre, et il y eut de nombreuses réclamations de la part des individus qui étaient victimes de cet agiotage, particulièrement des propriétaires des biens ruraux. On avait dit, lors de la création de cette monnaie, que cela aurait lieu, que cette monnaie perdrait sa valeur ; mais la faction dominante avait pris les rênes du gouvernement par la sédition : elle existait par des principes opposés à la franchise ; elle n'était favorable qu'à l'homme de hasard ; et c'était avec ces principes qu'on voyait des gens de la classe honnête, étant sans intrigues, réduits à la mendicité, et l'autre devenir opulent.

Nous nous sommes aperçus qu'il n'y avait plus lieu d'espérer que les assignats conserveraient le peu de valeur qu'ils avaient, lorsqu'il sortit une loi qui autorisa les propriétaires des biens ruraux à faire payer à leurs fermiers une augmentation de loyer : il fut aussi ordonné de les recevoir dans les caisses publiques, soit pour contributions directes ou autres ; mais cela fut reconnu inutile, puisque les assignats diminuant de valeur, l'augmentation du nombre ne produisait aucun soulagement.

Le gouvernement créa un mode de remboursement qui était une autre monnaie que l'on nommait des mandats. On portait chacun le peu d'assignats que l'on possédait chez le receveur de l'enregistrement ; il s'en trouvait une quantité de faux ; on croyait perdre lorsqu'on les refusait. Nous avons entendu des individus de toutes les classes, qui regrettaient d'avoir eu confiance en cette monnaie. Les uns disaient : voilà des assignats que j'ai reçus en échange pour des écus. Les autres disaient : on m'a fait des remboursemens considérables avec cette monnaie, et me voilà ruiné ! je les épargnais pour me servir dans mes vieux jours. Mais une autre classe disait : je n'ai pas voulu en faire de garde ; j'ai fait des acquisitions qui ont augmenté ma fortune. Un autre disait : je n'ai pas gardé d'assignats ; mais me voilà ruiné : j'ai vendu ma marchandise bien cher ; mais lorsqu'il a fallu acheter pour remplacer, il fallait ajouter, ou moins acheter : avec cela je n'ai plus de marchandise ni d'assignats. Et nous avons vu les fortunes changer de mains, dans ces circonstances, ce qui était l'effet de l'agiotage qui était prévu.

Les assignats baissaient d'un instant à l'autre, avec une telle rapidité, que du matin au soir on ne pouvait plus en faire usage dans le commerce ;

mais celui qui avait des remboursemens à faire,
forçait son créancier de recevoir cette monnaie,
quoique certain qu'elle n'avait plus de valeur.
Mais il nous parvint une décision de l'autorité
supérieure qui fit cesser ce désordre , et les
assignats furent démonétisés.

L'inquiétude fut presque générale : ceux qui
n'avaient plus de valeurs numériques, croyaient
manquer dans leurs besoins; mais, par un effet
incroyable, le numéraire et la monnaie de billon ont reparu dans le commerce comme
précédemment.

Une circonstance troubla l'ordre au sujet du
remboursement des obligations contractées pendant la durée des assignats; celui à qui il était
dû voulait recevoir le montant de l'obligation en
numéraire, et le débiteur alléguait la déprécia-
tion du papier monnaie : mais, pour terminer
toute contestation, chaque département a fourni un tableau qui fixait la valeur des assignats,
au jour que les engagemens avaient été con-
tractés; et ce fut le seul moyen qui fut employé pour terminer les débats qui existaient
à ce sujet.

Nous avions à supporter une cause de désor-
ganisation qui attaquait presque tout le corps
social, et créée par les ennemis de la religion

catholique. Tandis qu'une armée formidable exerçait des ravages dans l'Italie, marchant sur la capitale du monde chrétien, en forçant toutes les places fortes, des ordres parvenaient dans nos campagnes pour tracasser les prêtres qui tenaient à leur devoir, exerçant le culte divin. On leur a défendu de se montrer en public en soutane, et d'administrer les sacremens aux malades secrètement : le son des cloches fut défendu pour l'office divin, et les prêtres étaient surveillés pendant l'office, à l'occasion des prédications; plusieurs ont été traduits devant les tribunaux, pour avoir blâmé le gouvernement républicain. On usait de moyens vexatoires pour les décourager, mais la majeure partie resta fidèles à ses sermens, en rejetant tous moyens qui tentaient à blesser la religion dans ses principes.

Pendant que les autorités locales, dévouées au gouvernement républicain, usaient de moyens nuisibles à la religion, en tracassant les ministres de l'autel, das prédicateurs affidés des jacobins, membres des clubs, déclamaient contre l'autorité du pape, publiquement, et donnaient lieu de craindre à tous individus qui auraient pris la défense de leur religion ; et, pour rompe l'union qui existait, on avait changé et défendu l'usage des livres saints, en substituant un culte nouveau, qui était exercé sur un amas de terre, en forme de montagne, où on allait en procession le jour des décadis, en chantant des chansons analogues aux circonstances. Entre autres choses, un couplet commençait par cette phrase : Mettons fin à l'ambition, et tous les rois tirons du trône, etc.

On débitait ensuite des discours qui excitaient le peuple à méconnaître l'autorité du pape, et à blasphémer contre Dieu, la Vierge et les Saints. Dans cette malheureuse crise, les troupes françaises ont pénétré dans Rome, et en mettant le comble aux malheurs, elles ont pris le souverain pontife, et il a été amené en France, où il est décédé.

Toutes ces abominations n'opéraient pas les changemens dans les mœurs ni dans la religion ; mais un arrêté d'un représentant du peuple en mission dans les départemens, obligea tous les ecclésiastiques, soit qu'ils fussent en fonctions ou non, de remettre aux directoires des districts leurs lettres de prêtrise, sous des peines très-rigoureuses ; et presque tous obéirent : mais ceux qui ne les avaient pas remises dans les délais, étaient consignés dans une maison d'arrêt qui avait été destinée pour les retenir prisonniers jusqu'à nouvel ordre.

L'exécution de cet arrêté ayant eu lieu, il vint

ensuite des ordres dans les communes, de déposer tous les ornemens d'église au district; une partie de ce qu'il y avait de plus précieux est devenu la proie de ces vautours, qui avaient déjà dérobé les plus beaux effets qui ont été à leur pouvoir, dans les couvens et maisons d'émigrés; et le surplus fut vendu à l'encan. Et les églises furent fermées, et le culte divin a cessé d'avoir lieu en public, mais il a toujours été continué dans les oratoires et dans des maisons particulières, inconnus aux autorités locales du lieu, malgré leur recherche et surveillance continuelle.

La guerre fut un des fléaux qui a été funeste, non-seulement à la France, mais qui a occasionné des pertes incalculables aux États voisins; elle a rendu le nom Français odieux à tous les peuples civilisés. La guerre n'avait pas lieu pour affranchir la France du payement d'un tribut; ce n'était pas pour l'inexécution des traités et des alliances contractées entre les puissances; mais elle était suscitée par une classe d'hommes qui composaient la société de toutes qualités, nés pauvres ou appauvris, qui convoitaient la fortune de l'opulent, pour faire main basse dessus, au milieu du trouble. La monarchie française qui existait depuis un nombre de siècles, était devenue mal dans ses finances, tant par les largesses faites à même des ressources du trésor royal, que par les guerres qui ont eu lieu depuis quelques siècles ; mais, par l'effet des découvertes faites dans les pays lointains, et qui donnèrent l'éveil au commerce et à l'agriculture, la France était devenue florissante. Non-seulement le commerce et l'agriculture ont fleuri, mais on a étudié les belles-lettres, les sciences et arts. Ces ressources ont alimenté une population de plus de vingt millions d'hommes qui existaient sous les lois protectrices.

Il convenait que toutes les bourses et les caisses fussent communes au premier aperçu du besoin : c'était pour arriver à ce but que les États-généraux ont été assemblés ; mais il en fut autrement, puisque la noblesse, le clergé et le tiers-état ont démontré chacun, dans leurs moyens, qu'ils étaient eux-mêmes dans le besoin. On connaissait la vie que le clergé menait, tant dans les villes que dans les campagnes, et l'usage que ses membres faisaient du revenu de leurs biens. Ils étaient aussi toujours en procès pour maintenir leurs droits, non-seulement avec le tiers-état, mais entre eux. Les débats donnaient lieu de croire qu'ils se considéraient les proprié taires des choses qu'ils possédaient, et que toutes les choses à charge à la France leur étaient étrangères. Cette classe d'individus se composait d'hommes et de femmes, habitant des édifices publics, que l'on nommait des abbayes d'hommes et de femmes, des couvens, des monastères. Il y en avait qui vivaient renfermés dans leurs maisons, sans avoir jamais aucune communication avec les gens du monde ; ils avaient tous des hommes qui régissaient leurs biens et revenus, et communiquaient avec le public pour les affaires de la communauté. On distinguait une autre classe qui étaient les curés des campagnes, possédant des dîmes : ceux-là avaient pour revenu la dixième partie des revenus du sol en productions en nature, qui formait l'étendue de la commune ; ils faisaient la récolte par des gens à gages, qui exerçaient les comptes des objets sujets au payement de la dîme, et ils emportaient la part qui était échue ; on voyait par aperçu que les produits montaient toujours à plusieurs milles de revenus annuels; il y avait, au sujet de cette espèce d'impôt, des contestations selon les caractères, plus ou moins arrangeans. On voyait avec dédain que ces revenus servaient souvent à alimenter des abus qui scandalisaient le public, ne s'accordant pas avec les principes de la religion chrétienne. On voyait, dans le nombre de cette classe, des avares et des prodigues, et des hommes

charitables en petit nombre ; et on s'attendait
que tôt ou tard il y aurait un changement considérable à ce sujet. Cet impôt était, dans l'état
primitif, une chose donnée pour un service
rendu : les ministres de l'autel vivaient du
revenu de l'autel. Le service divin était dans
l'ancien temps, comme à présent, un flambeau
qui éclaire dans les lieux ténébreux ; et l'habitant
de la campagne, par les ressources qui prove-
naient de ses travaux agricoles, qui avaient
été encouragés par un gouvernement qui le
protégeait, trouvait aux halles et aux marchés
le numéraire qu'il fallait pour acquitter les
termes de sa ferme, et faire face aux autres
charges de sa maison. Il regrettait d'être obligé
d'acquitter entre les mains du curé de son vil-
lage, cet impôt si considérable en valeur. Le
curé qui recevait cet impôt, avait un excédant ;
et souvent cet excédant lui donnait lieu de tenir
un ton d'opulence peu conforme aux règles du
christianisme. L'étude des sciences et des belles
lettres s'étant introduite dans nos campagnes, dans
le même temps, on reconnut que l'erreur prove-
nait de l'effet qu'avait produit l'aisance, parce
qu'elle donnait lieu d'oublier les préceptes de la
religion, qui étaient les motifs dans l'ancien temps
qui ont donné lieu au payement de la dîme. Et ces

deux classes d'individus qui formaient le clergé et la noblesse, n'ont pas répondu au vœu du Roi, qui les appelait à son secours, lorsque, pressé par les circonstances, il ne voyait point d'autre ressource pour faire face aux dettes de l'État, que de recourir à ses sujets; ses espérances ont été vaines.

Il y avait d'autres débats entre le haut clergé et la noblesse de première classe, et les hommes en charge, les privilégiés et les fermiers généraux, et tous autres individus titrés; et ces débats, au lieu de présenter quelque espoir, ne présentaient que des moyens avancés pour découvrir des abus qu'il était impossible de réprimer dans cette circonstance.

La classe que l'on nommait roturière, sachant qu'elle était la classe que l'on nommait tiers-état, avait ses députés en cette assemblée; ils observaient ces débats, et chacun présentait des moyens futurs, et le présent était oublié. Cette classe du tiers-état était nombreuse, et chaque tête, chaque opinion, plus ou moins utiles aux besoins; et on rendait le clergé et la noblesse odieux à cette classe. Les droits féodaux donnaient lieu à des murmures. Dans nos campagnes, la chasse était défendue sous des peines rigoureuses; les galères et la prison perpétuelle étaient la punition la plus en usage. Un seigneur

possédait plusieurs communes, et avait droit de
chasse sur d'autres : ce droit était conservé par
des gardes particuliers, qui verbalisaient contre
les chasseurs, que l'on nommait des braconniers.
On ne considérait pas si la chasse était une des
passions qui tourmentent l'homme, lorsqu'il en
est atteint , et dont les effets font autant d'effet
que la passion du feu de l'amour et autres, qui
s'éteignent avec l'âge : ils étaient assignés à la
requête du gouvernement qui requérait contre
le prévenu les peines portées par les ordonnances. Les seigneurs et autres, ayant le droit ,
laissaient élever autant de gibier qu'il leur faisait
plaisir, sans s'occuper s'ils gênaient leurs vas-
seaux ou non. Les forêts du roi étaient remplies
de cerfs, chevreaux et sangliers, qui tourmen-
taient considérablement les riverains. Un autre
droit que l'on nommait banalité , était aussi
odieux, puisque celui qui demeurait dans l'é-
tendue d'une banalité était tenu d'aller faire
moudre son grain au moulin banal , par force;
ils étaient condamnés par les gens de justice à
des dommages et intérêts envers le détenteur
dudit moulin. Il y avait aussi des droits de
colombier, où l'on élevait autant de pigeons que
l'on voulait, qui vivaient à même la récolte des
champs. Ces droits, ainsi que ceux de banalité,

de chasse et autres, étaient assujettis à des règlemens ; mais ces règlemens étaient souvent très-mal exécutés, et donnaient lieu à des plaintes qui n'avaient aucun effet. Les seigneurs et gens décimateurs étaient souvent en possession de recevoir en nature des redevances en grains, et l'on nommait ces droits dîmes et champarts, ou rentes seigneuriales. Ces droits, ainsi que ceux dont nous avons parlé, retiraient des mains du cultivateur une partie du produit de ses travaux, et devenait profitable à ceux-ci. Mais, au lieu d'être unis par le gain, ils étaient divisés secrètement, et les vassaux désiraient rencontrer une occasion pour refuser cet impôt.

Tous les moyens qui étaient avancés pour arrêter le désordre et rétablir l'ordre ne produisaient aucun effet : la discorde était partout, le Roi avec ses sujets, le seigneur avec ses vassaux ; en un mot, les supérieurs avec les inférieurs, et l'Église avec les fidèles. Il existait un chisme politique, occasionné par un déficit, qui existait dans tous les revenus de l'État, et qui avait été occasionné par les sacrifices qui avaient été faits pour rendre la France florissante, dont le commerce et l'agriculture, les sciences et les arts faisaient la richesse. Mais,

au milieu de toutes ces richesses, le Français a
méconnu ses devoirs en refusant à se rendre
utile ; il n'a pas répondu aux demandes qui
lui étaient faites pour les besoins de l'État ;
et il est arrivé ce qui est arrivé aux bras et aux
jambes dont parle la fable, qui ont refusé au
ventre la nourriture qu'il demandait, et bientôt
après les bras et les jambes ont cessé d'agir ;
et, ayant demandé le motif de cet accident,
on leur répondit : Pourquoi avez-vous cessé
de donner ce que vous aviez habitude de donner au ventre qui est au milieu de vous ; cessez
donc de le méconnaître : vous verrez qu'en
recevant la nourriture, il occasionnera que
vous retrouverez les forces que vous avez
perdues par votre ingratitude.

Pendant que la France entière avait les yeux
fixés sur cette assemblée, qui devait produire
un bon effet, quelques séditieux formaient le
complot de bouleverser tout à force ouverte
et à main armée. La Bastille fut le point es-
sentiel qu'il convenait d'attaquer ; et l'attaque
étant faite, elle occassionna une telle rumeur
que Paris en fut troublé ; et cette nouvelle
parvint dans les provinces, et ensuite dans
tous les endroits. Il n'y eut pas un mortel qui
ne se sentît ému en apprenant cette nouvelle.

Cette nouvelle était le signal de la révolte du tiers-état contre la noblesse, le Roi et le clergé, qu'il fut impossible d'apaiser avant qu'elle eût occasionné de grands malheurs en France et par suite aux États voisins.

La sédition n'arrêta pas les opérations de l'assemblée qui avait lieu ; au contraire elle fut continuée avec énergie. Au tiers-état se joignit une partie de la noblesse et des privilégiés et du clergé ; et on décréta l'abolition des droits et priviléges que possédait la noblesse sur le tiers-état, à titre de droits féodaux, et ceux possédés par le clergé, aux mêmes droits. Et, ensuite on décréta que le clergé était déchu des droits de propriété qu'il possédait, à telle cause que ce soit ; que ces biens étaient réunis au domaine de l'État, pour en disposer comme biens nationaux. Ainsi le clergé et la noblesse se sont vus dépouillés de tout ou partie des biens qu'ils possédaient ; toutes les charges, tous les priviléges ont été révoqués. Tous ces changemens ont ébranlé l'édifice public ; et la fortune a changé de logement, et elle a rendu l'homme de hasard opulent.

Quoique les nations civilisées aient le droit de changer leur constitution et leurs lois, cela n'a jamais eu lieu sans causer du trouble. On ne voyait pas d'un œil affable la fortune sortir de chez soi pour aller ailleurs. C'est pourquoi on a vu l'effet qu'a fait la suppression des dîmes et des droits féodaux dans nos campagnes. Il n'y avait que le temps qui pouvait abattre les esprits. Et dans les campagnes on répétait souvent, lorsqu'il fallait parler des avantages du tiers-état : Vivent la liberté, l'égalité : fraternité ou la mort ; et vaincre ou mourir.

Paris était le lieu de la réunion du corps politique, où toutes les manœuvres avaient lieu pour tenir le peuple français en état d'insurrection générale contre le Roi, la noblesse et le clergé. L'homme de bien était celui qui avait les principes révolutionnaires ; et l'homme dangereux était celui qui voyait avec chagrin cette désunion ; on disait : c'est un modéré dont nous devons nous méfier.

Les changemens qui avaient eu lieu étaient l'effet d'une nouvelle constitution, créée par suite de la réforme qui avait eu lieu ; et nous devions vivre sous des lois constitutionnelles. Mais un génie malfaisant mettait le désordre partout, par de mauvais principes ; des écrivains soudoyés et payés soufflaient partout la division, et provoquaient au massacre, à l'insubordination, et à la désobéissance aux ordres du Roi ; et le mot favori était de dire : Nous nous battrons contre tout ce qui se présentera à nous, pour nous empêcher d'être libres.

Non-seulement le civil était en rumeur, mais le militaire était aussi provoqué à la désobéissance, et les chefs entre eux n'étaient point d'accord. Une partie restait fidèle au Roi ; une autre partie considérait la désertion comme une chose facile, ayant lieu de croire qu'il n'y aurait pas de punition ; et une autre partie se disposait à suivre le torrent.

Cette désunion donnait lieu de craindre que les forces militaires disciplinées ne fussent point suffisantes pour protéger les factieux ; et on fit un appel aux hommes de bonne volonté, en disant que la patrie était en danger. Et, à cet appel, nous avons vu partir un grand nombre d'individus de toutes les classes, dont le plus grand nombre était sans asile, gens mal famés dans l'endroit, et d'autres étaient inutiles chez eux. L'avantage que les rédacteurs de cet appel présentaient, leur donnaient lieu de croire qu'ils feraient de bonnes affaires à la guerre.

Le grand bruit dans nos campagnes était la guerre. Il y avait déjà dans notre département plusieurs bataillons de formés, qui avaient combattu contre les forces étrangères qui avaient pénétré en France quelque temps après, mais elles ont été repoussées avec perte. A ce moment, on disait que la France ne devait pas souffrir que les troupes étrangères connussent des discussions politiques qui étaient agitées.

L'autorité royale s'affaiblissait peu à peu, et les discussions diplomatiques prenaient chaque jour un caractère sérieux, et donnaient de grandes inquiétudes sur le sort du Roi. On voyait qu'il n'était pas aussi en sûreté comme dans le cœur de ses sujets ; mais il ne pouvait pas commander aux circonstances ; et la sédition du dix août ne laissait aucun doute que la faction révolutionnaire produirait de grands événemens.

Quelque temps après, l'assemblée législative a déposé le Roi, et on commença son procès, ainsi que celui de la Reine et de Madame Première. Ils étaient accusés d'avoir conspiré contre l'État, et d'avoir suscité la guerre que la France avait à soutenir à ce sujet. Les inquiétudes redoublèrent : le peuple français était préparé à leur mort, par des écrits répandus avec confusion dans les villes et campagnes ; et attendait dans un morne silence, l'événement qui devait avoir lieu.

Un gouvernement républicain remplaçait le

gouvernement monarchique, et on ôta tous les emplois civils et militaires aux nobles , quand ils n'avaient pas fait preuve de civisme ; il y eut une nouvelle organisation dans l'armée, et les forces militaires furent considérablement augmentées par une levée de tous les hommes depuis dix-huit ans jusqu'à vingt-cinq. Cette levée a produit au moins un million d'hommes, et on laissait à cette classe le droit de choisir ses officiers dans leurs corps. Cette levée fut distribuée dans tous les corps d'armée de la France , postés sur les frontières.

La France avait la guerre sur mer et sur terre , contre toutes les puissances , à cause de la mort du Roi ; et après de grandes batailles gagnées, les Français prirent la ligne offensive, et pénétrèrent dans la Hollande , dans l'Espagne , dans la Prusse , dans l'Italie et autres États. On mettait en réquisition chez les particuliers tous les objets que l'on croyait utiles , cloches et autres choses. La guerre n'était pas dans nos environs , mais nous avons vu les assignats , le maximum , l'anarchie , les réquisitions en hommes, chevaux et voitures et grains , la mort de notre Roi , et celle de la Reine. On nous a fait espérer que la paix aurait lieu incessamment, et que la tranquillité se rétablirait. En effet, il y eut un congrès tenu à Rastadt, mais nous ne savions pas par quel motif nos plénipotentiaires ont été assassinés ; et après, la guerre a recommencé avec vigueur contre l'Autriche. Et il nous est parvenu des placards qui nous disaient que le gouvernement autrichien avait fait assassiner nos plénipotentiaires, et provoquaient à la vengeance.

Après la mort du Roi, il ne restait en France, des membres de la famille royale, que le dauphin, et la dauphine. Ils étaient au pouvoir des ennemis de la famille royale, mais dans l'âge d'adolescence, et le souvenir de la mort du dauphin a fait verser des larmes de tendresse et de tristesse, dont le récit fait couler de nouvelles larmes. Mais le sort des armes ayant mis au pouvoir du gouvernement autrichien quatre commissaires envoyés par la république, ils lui furent rendus en échange contre la Dauphine. Ce fut à cette cause qu'elle fut rendue au vœu de la famille royale, qui était dans la consternation à cause des malheurs qui désolaient la France.

La levée de la réquisition d'hommes depuis dix-huit ans jusqu'à vingt-cinq, et les réquisitions nécessaires des ustensiles utiles à la guerre avaient été fournies sans espérance que l'ordre se rétablirait. Les soldats commencèrent à se décourager, et rentraient dans leurs foyers ; les ateliers de la république recelaient un grand nombre de soldats, pour de l'argent. Une autre partie se réfugia dans les convois militaires ; ce n'était plus ce premier enthousiasme qui avait eu lieu. Les armées de la république n'existaient, en grande partie, que par voies qui répugnent à un peuple civilisé. Les ordres qui émanaient du gouvernement républicain ne contenaient que des instructions pour faciliter à la révolte les peuples contre leurs Rois. Plusieurs généraux avaient été disgraciés, et d'autres avaient été condamnés à mort pour avoir enfreint les ordres qui avaient été donnés. Les affidés du gouvernement avaient trempé leurs mains dans le sang de leurs concitoyens. Ils ne respiraient que le sang, la dévastation et le pillage ; et dans leurs accès de fureur, ils osèrent changer les noms des choses qu'ils avaient immolées à leur barbarie. Ce qui fit donner à la ville de Lyon sur le Rhône le nom de Commune-Affranchie : cette ville qui a été dévastée par cette faction sanguinaire, devait porter un nom qui rappellerait aux générations futures les malheurs de leur patrie, sous le règne de douleur. Le port de Toulon était nommé le Port de la Montagne. Il fut donné à la ville de Charleroi celui de Sarlibre. Si on voyait qu'il n'y eût point d'agitation dans une commune, on disait qu'ils conspiraient contre la république, qui se déclarait la mère des autres républiques qui étaient formées dans la Hollande, dans l'Allemagne, et dans l'Italie et autres endroits. Avec toutes ces opérations, la France existait, dans l'intérieur, dans des inquiétudes continuelles, en proie à tant de factions. Le gouvernement républicain retenait une partie des États voisins sous la férule militaire; et, voulant agrandir ses conquêtes, il conçut le projet de réunir dans un des ports de la France un nombre de vaisseaux de ligne assez nombreux pour porter une armée dans les autres parties du monde; et tout étant disposé, on a donné le commandement de cette armée à un général nommé Buonaparte. Ce général aborda à l'île de Malte, où il demanda d'entrer avec sa flotte; mais on lui refusa l'entrée du port, en disant qu'ils ne devaient recevoir dans le port que deux vaisseaux à la fois : telle était la constitution qui régissait l'île. Cette réponse irrita ce général, et il ordonna sur-le-champ que la place fût prise de force; et le fait ayant eu lieu, il y a établi garnison. Cet acte était une violation du droit des nations, et parvint aux puissances supérieures qui ont envoyé des forces assez imposantes pour reconquérir l'île, et les Français en ont été chassés.

Buonaparte, avec son armée, s'est présenté dans un des ports de l'Égypte; et a pénétré dans le royaume à force ouverte, précédé de proclamations qui annonçaient à ces peuples qu'il venait les délivrer de l'esclavage. Il parvint à conquérir ce pays, et ensuite il parvint dans l'intérieur, traversant les déserts pour aller faire d'autres conquêtes : et son armée s'affaiblissait; il perdait son monde par les armes et par les maladies, dans un pays où le climat est difficile à supporter. Il avait le projet d'étendre ses conquêtes plus loin, mais une escadre anglaise observait les mouvemens qui avaient lieu, en voulant prendre d'assaut un endroit que l'on nomme Saint-Jean-d'Acre. Il fut battu par l'escadre anglaise, et il fut forcé de battre en retraite. Ensuite, il quitta son reste d'armée, sous le commandement d'un de ses officiers ; et on dit qu'il la quitta incognito, pour s'embarquer sur un vaisseau qui l'a rapporté en Europe. Ensuite il est rentré en France, et les troupes françaises tombèrent au pouvoir du vainqueur, et après une capitulation, elles furent embarquées sur des vaisseaux français, qui les ont rapportées dans les ports de France. On dit que les vaisseaux français ont été brûlés par les Anglais dans les ports d'Alexandrie, après que les troupes ont été débarquées, sans entrer en Égypte.

La guerre se continuait, des troubles avaient lieu dans l'intérieur, l'anarchie avait tellement affligé le peuple français, qu'il espérait avoir quelque adoucissement par le choix des électeurs. Les membres de la Convention devaient être renouvelés par tiers, on connaissait dans tous les endroits ceux qui avaient trempé leurs mains dans le sang. Au milieu des malheurs, on cherchait du soulagement : nous demandions la tranquillité, nous désirions avoir un Roi; mais nous ignorions où il était. Nous connaissions ceux de nos voisins dont le caractère était de nous faire parvenir à ce but ; mais la terreur avait été terrible, on ne pouvait plus communiquer l'un avec l'autre. Cependant le jour des élections étant arrivé, chacun se rangea du côté de celui de son parti ; un autre se rangeait du parti opposé, et il y eut dans nos campagnes des réunions qui opéraient, quoiqu'étant dans la même commune, dans des endroits différens ; on nommait ces assemblés, des assemblées scissionnaires.

Cette division avait lieu aussi dans les grandes villes. La capitale n'était pas tranquille : il y eut entre les sections, un combat dans la ville; et il y eut beaucoup de sang répandu : la prétention des rebelles était d'anéantir la Convention, et d'appeler un Roi pour régner sur nous.

La France se divisait; le soldat se décourageait; la désertion était continuelle ; nos armées battaient en retraite. Il y avait lieu de croire que pour continuer la guerre, il fallait se recruter ; et ce fut à cette occasion que la loi sur la conscription a été créée, et ce fut aussi l'instant du commencement du commerce, des permissions, des billets d'hôpital , des convalescences et des congés provisoires ; tout cela se procurait pour de l'argent. L'état militaire était considéré comme le soutien de l'État. Le militaire disposait de la bourse des parens, et du corps des conscrits ; chacun sacrifiait son avoir pour ne pas aller à la guerre : celui qui n'avait pas d'argent, ne pouvait être dispensé du service militaire.

Le trouble était partout ; les membres de la Convention ne se respectaient plus , leurs délibérations étaient scandaleuses; les acquéreurs de domaines nationaux étaient troublés , un grand nombre d'assemblées électorales avaient été divisées. Paris ne présentait plus de sûreté pour la représentation nationale, et ce fut la crainte qui les obligea d'aller tenir leur assemblée à Saint-

Cloud , où ils furent dissous par la force armée , commandée par Buonaparte.

Buonaparte , après avoir manqué la conquête qu'il avait entreprise, est rentré dans Paris ; il était considéré par la troupe qui avait servi sous son commandement, dans les campagnes d'Italie et autres. Il était intrigant , et dans le cas d'entreprendre quelque coup de hardiesse; il voyait que le corps politique se disloquait, que les Directeurs étaient divisés entre eux. Il avait conservé son grade de général ; en feignant de faire manœuvrer la troupe , il parvint à Saint-Cloud ; il entra dans le lieu où la Convention tenait ses séances , à la tête d'un certain nombre de soldats qui lui servaient d'escorte, il somma les membres de se dissoudre. Ce coup de hardiesse a failli lui coûter la vie, par un coup de baïonnette que lui porta un soldat qui se voyait forcé à son poste ; mais étant parvenu à son but, il chassa tous les représentans , et il harangua le peuple. Il démontra les torts qu'avait eus le gouvernement de dilapider la fortune publique ; et qu'au lieu de voir la France triomphante , il la voyait prête à succomber. Après cette harangue, il proposa une constitution qui déclara la France régie en consulat. Et étant nommé premier consul, il démembra le Directoire en s'adjoignant deux de ses membres ; et ce fut ainsi fait comme il avait été projeté.

Lorsque la nouvelle est parvenue dans nos campagnes qu'il n'y avait plus de représentation nationale , et que Buonaparte avait chassé tous ses membres, et que nous allions être gouvernés par des consuls, nous avons demandé aux gens instruits de nos environs, quel était le motif d'un changement comme celui-là , et on nous a dit que c'était une nouvelle faction qui s'était emparée des rênes du gouvernement ; qu'il y allait avoir un changement dans tous les corps d'administration publique. Et on nous dit qu'on allait imiter les Romains : et ceux d'entre nous qui connaissaient l'histoire romaine , nous donnaient lieu de croire, d'après le récit de leurs actions, que la France serait , à l'avenir , agitée à cause des guerres qu'il faudrait soutenir, si elle suivait l'usage des Romains. Il fallait obéir comme auparavant aux circonstances ; c'est pourquoi nous nous en rapportions à la Providence.

Bientôt après il nous est parvenu des écrits qui nous donnaient lieu d'espérer que tous les maux que nous avions soufferts sous le gouvernement républicain n'auraient plus lieu à l'avenir, puisqu'on allait confier à des hommes probes l'exécution des lois de l'État, et rétablir le désordre qui existait dans les finances : ces promesses nous consolaient, puisqu'une partie des fournitures que nous avions faites pour le compte du gouvernement nous étaient encore dues ; et avec des promesses le nouveau gouvernement gagna l'estime publique ; et Buonaparte était considéré comme le sauveur de la France, par presque tous les habitans des villes et campagnes, ayant empêché le sang de couler. Les prêtres déportés ont eu la liberté de rentrer en France, et la religion catholique est devenue la religion du gouvernement ; et on a salarié les prêtres ; et ce fut un des moyens qui fut employé avec succès, puisqu'il réunissait les esprits divisés pour cause d'opinions religieuses. Et toutes les difficultés qui avaient eu lieu à cause des différentes religions furent terminés par un accord fait sous la protection des lois de l'État.

Le résultat des opérations obligeait tous les prêtres à faire le serment de ne pas conspirer contre l'État ; et, malgré que la formule du serment fût embarrassante, aucun ecclésiastique n'a refusé de s'y soumettre.

On a aussi révisé les listes des émigrés, et on a donné à un grand nombre les moyens faciles de se faire rayer ; et nous avons vu un grand nombre des individus de cette classe rentrer dans leurs foyers, mais nous ignorions les motifs qui empêchaient les princes du sang d'avoir la liberté de rentrer en France. On donna lieu aux religieuses d'espérer de toucher les arrérages des pensions qui leur avaient été promises, et tous ces moyens diminuaient le nombre des mécontens. On attribuait ces adoucissemens aux lumières de Buonaparte, et nous croyions de jour en jour que la guerre serait terminée avec avantage pour la France. L'esprit de parti diminuait; nous vivions en bonne intelligence avec les prêtres, soit qu'ils eussent été déportés ou non, et avec les émigrés rentrés dans leurs foyers, puisqu'ils avaient aussi prêté le serment de vivre en tranquillité et soumis aux lois de l'état.

Les conseils avaient juré de maintenir la vente des biens nationaux, et des émigrés. Après tout cela, nous n'avions plus d'inquiétudes, et Buonaparte, premier consul, avait offert sa main à une jeune veuve d'une ancienne noblesse, qui possédait une fortune assez considérable pour lui faire tenir un rang assez distingué après son mariage, et jouer le rôle d'un grand politique; et la France l'admirait. L'emploi du consulat était pour un temps limité, et après ce temps là il fallait être réélu; et pour éviter le danger qu'il y aurait eu de donner le choix à un autre individu pour remplir cette fonction , elle lui fut confiée pendant sa vie, et il a eu le droit de nommer son successeur ; et après il fut proclamé Empereur de France et Roi d'Italie, avec d'autres grandes dignités. Ainsi nous avions vu le trône renversé et nous le voyions rétabli au rang des plus distingués de l'Europe , sur les débris de la monarchie régnante.

Toutes ces circonstances nous paraissaient extraordinaires; nous n'y comprenions rien; toutes les feuilles publiques étaient remplies d'écrits qui nous enchantaient. Etant éloignés des villes frontières nous ignorions ce qui se passait dans les cabinets étrangers. Au sujet de ces changemens, on nous disait qu'il y allait avoir la guerre; mais notre consolation était d'avoir un grand guerrier pour chef suprême. Mais nous aurions tous désiré ne pas être du nombre des soldats, et que la guerre fût terminée ; mais cela était impossible.

Le commencement des changemens qui ont eu lieu après que Buonaparte eut pris les rênes du gouvernement français qui lui fut confié à vie, a été de rendre une grande partie des employés qui existaient, sujets à donner un cautionnement en argent, tels que notaire, avoué, huissier, receveur des contributions, et autres. Ces sommes réunies formaient un capital considérable qui était versé dans une caisse que l'on nommait caisse d'amortissement, et ces fonctions sont devenues la propriété viagère de ceux qui étaient nommés. On forma les quatre Codes qui nous regissent, qui sont : le Code civil, le Code de commerce, le Code judiciaire et le Code criminel ; on a fait une quantité de changemens dans les lois ou arrêtés, soit pour abroger ou pour créer. L'ame du gouvernement était des sénateurs, dont la majeure partie était choisie dans le nombre des hommes illustres de la France qui avaient exercé des fonctions publiques depuis la révolution ; et les élections produisaient des membres qui composaient la législation : tout se pratiquait dans l'intérieur, sans trouble et avec résignation. Il n'y avait que la guerre que nous avions à soutenir qui nous donnait de grandes inquiétudes. Plus nous entendions parler de guerre, plus nous prenions des mesures pour que nos enfans ne soient pas du nombre des soldats. Quand il naissait un enfant mâle, après que ses parens lui avaient fait administrer le sacrement de baptême, et porté sur les registres de l'État civil, on s'occupait

de lui procurer des protecteurs qui le dispensaient d'aller à la guerre. On voyait avec peine
les pères et mères s'attrister au lieu de se réjouir
quand leur garçon croissait et se fortifiait : ils
disaient souvent : nous craignons le sort qui lui
arrivera ; nous aurions plus de bonheur, s'il
était infirme. Les pères et mères faisaient des
lamentations et de jérémiades, et lorsque le temps
de la conscription approchait, ils cherchaient
de la consolation, et quand ils étaient fortunés
ils trouvaient des occasions de réforme. Il y
avait dans tous les bureaux de l'administration
publique des hommes intéressés ou désintéressés,
qui facilitaient et protégeaient leurs amis dans
cette circonstance. C'était un trafic ; pour de
l'argent, on se faisait réformer, on entrait à
l'hôpital, on obtenait des convalescences, on
se faisait remplacer, on obtenait son congé de
réforme, on avait des permissions limitées. Il
y avait des femmes qui faisaient ce commerce
avec adresse : elles avaient la protection du
docteur en médecine et des membres de
l'autorité administrative et militaire dans les
bureaux. On voyait les scribes avoir des pra-
tiques qui leur donnaient aussi de l'argent
pour les intéresser. Ceux qui avaient besoin
de ce service étaient informés par des subal-

ternes des précautions qu'il fallait prendre Souvent l'argent se donnait sans compter ; mais il fallait que le compte fût dans le sac. On donnait des sacs de douze cents francs, plus ou moins. Les pères et mères et parens et amis s'obligeaient dans le besoin, en enseignant les protecteurs qu'ils avaient tous. Cet infâme trafic n'était pas toujours favorable : il y en avait qui, après avoir fait bien des sacrifices avaient la douleur de perdre l'espérance et l'argent qu'ils avaient donné ; d'autres ont été obligés d'acheter plusieurs hommes , et à la fin leurs enfans étaient encore obligés de partir. On se décourageait. Ceux qui n'avaient pas de fortune pour se dispenser du service ni le cœur martial, prenaient le parti de déserter, et quand ils étaient attrapés , on les jetait dans les prisons ; et quand il y en avait un certain nombre, on les remettait dans les mains des gendarmes qui les conduisaient de prison en prison jusqu'au lieu de leur destination. On voyait ces misérables marcher sur les grandes routes attachés avec des cordes l'un à l'autre , comme des animaux. Les levées d'hommes étaient considérables ; mais une grande partie n'était pas en activité de service ; ils étaient en partie cachés dans leurs communes, si leurs parens avaient un peu d'aisance ; et on mettait la gendarmerie après , et ce n'était que par l'effet du hasard qu'ils parvenaient à en arrêter. Les gendarmes eux-mêmes répugnaient à faire de pareilles arrestations , et donnaient souvent au public l'idée des démarches qu'ils devaient faire à ce sujet. On voyait aussi ces misérables fuyards être les domestiques de certains cultivateurs qui ne les recevaient que pour leur nourriture , vu le danger qu'ils couraient de les recevoir chez eux ; mais ils connaissaient la manière de s'affranchir des poursuites, avec certains appâts. Nous avons vu souvent des détachemens de gardes nationaux, que l'on nommait colonnes mobiles, parcourir la campagne, de nuit comme de jour, et leurs démarches être infructueuses. Ce commerce de conscrits s'étendait jusque dans les ateliers du gouvernement, et dans tous autres endroits où on pouvait, sans courir le danger d'un emprisonnement d'une année et de quinze cents francs d'amende, les receler. On a vu des pères de conscrits d'une médiocre fortune raconter les malheurs du temps, disant qu'ils avaient plusieurs fois ouvert leur bourse à certaine dame qui était dans le secret, et elle ne prenait que par petites pincées, qui composaient jusqu'à dix-huit cents francs à la fois.

7

Lorsqu'il s'agissait de levées de chevaux ou autres fournitures de guerre, tout se pratiquait de manière à donner peu et recevoir beaucoup par l'effet de la connivence, qui était d'usage adopté, qui entraînait la ruine de la France.

La guerre n'était pas le seul fléau qui nous tourmentait : nous avons eu à supporter pendant plusieurs années une énorme cherté de froment, qui réduisait une grande partie de la classe industrieuse à la misère, puisque les approvisionnemens des grands établissemens se faisaient par des achats considérables de grains dans nos campagnes. Il y avait une telle confusion et un tel agiot qu'il y eut des sacs de blé, pesant depuis trois cents jusqu'à trois cent cinquante, vendus jusqu'à cent quatre-vingt francs, pour obliger les acheteurs. Enfin, les cultivateurs vendaient leur blé aux boulangers, la basse classe s'appauvrissait tous les jours, et on ne pouvait point parvenir à substanter sa famille pour le faible approvisionnement d'une semaine. On a vu jusqu'à huit cents mendians à la porte des gros cultivateurs, par semaine ; mais ceux d'une classe au-dessus, qui avaient quelques facultés, craignant de manquer, faisaient double provision, et cette manière de se garantir du danger de manquer de vivres, dont on était menacé par les alarmistes, nous mettait dans la gêne au milieu de l'abondance, par une fausse politique.

Dans ces malheureuses circonstances la guerre nous donnait de grandes inquiétudes ; on faisait de fortes levées d'hommes ; la conscription n'était pas suffisante pour compléter les armées actives et les armées de réserve ; on levait tous les dépôts ; on avait établi dans les différens endroits des bas officiers qui conduisaient les jeunes conscrits aux armées. On voyait les pères et mères et parens accoster les conducteurs, et leur demander leur protection pendant le voyage : on croyait être garanti des malheurs du temps quand on avait fait quelques sacrifices pour eux.

La guerre était le cri public ; et les moyens de s'affranchir d'être du nombre des soldats était le secret du cœur. On voyait ceux qui avaient fait leur fortune par les acquisitions de biens nationaux employer tous les moyens pour être dispensés du service militaire ; toutes les armées étaient en mouvement, et cela paraissait encore insuffisant pour faire face à l'ennemi ; et par un sénatus-consulte on a mis à la disposition du ministre de la guerre tous les hommes depuis dix-huit ans jusqu'à soixante, divisés en trois classes, et on nommait cette levée le premier ban, qui était composé d'hommes valides, depuis dix-huit ans jusqu'à vingt-cinq. On commença par une levée de cent mille hommes.

La guerre se continuait avec activité, à mesure qu'il y avait une levée d'hommes à la disposition du ministre. L'ordonnance dispensait du service celui qui était marié avant la promulgation du sénatus-consulte : ce moyen était infaillible, et sans aucun déboursé. Ainsi nous avons vu dans de petits villages, pour une semaine, jusqu'à dix à douze mariages ; ils se parlaient le matin, et l'après-midi on mettait les bancs à la commune, et, après les délais expirés, on les mariait.

Les armées françaises avaient pénétré dans tous les États voisins, excepté la Suisse qui était neutre ; et presque tous les trônes étaient occupés par les frères ou beaux-frères de Bonaparte. Ce moyen rendait la France entourée d'alliés qui combattaient contre un autre ligue qui faisait la guerre. L'Autriche, la Prusse, la Russie, l'Espagne, l'Angleterre, le Portugal, la

Suède et autres petits États ont armé contre la France, tant sur mer que sur terre. Les États que la France avait forcés à changer leur constitution, conspiraient pour parvenir à secouer un joug qui leur paraissait odieux ; ils n'attendaient que l'occasion favorable pour mettre à exécution leurs projets. Il y avait eu des traités de paix, des cessions d'armes, des négociations entamées : on croyait chaque jour que la paix générale allait avoir lieu, et on nous disait que pour faire une paix solide il fallait se mettre sur le pied de guerre. C'était dans ces vues qu'il se fit une levée de trois cent mille hommes, et une contribution extraordinaire sur les impôts directs.

La guerre, la guerre, nous disait-on : mais, peu de temps après, il arriva à la France des revers assez considérables pour diminuer ses forces militaires.

Le commencement des malheurs arriva dans la Russie, qui était en partie conquise par les armées françaises; mais la ville de Moskou, qui devait servir de retraite aux troupes, ayant été incendiée, les armées françaises furent obligées de battre en retraite, et une grande partie n'ayant pu supporter la rigueur du froid, ni échapper des mains des troupes russes qui les détruisaient sans pitié, ils furent obligés d'évacuer les États de la Russie.

L'Espagne, qui était asservie depuis plusieurs années, parvint à chasser les Français de son territoire : il y eut aussi un grand nombre de soldats qui y ont perdu la vie. Le Portugal, aidé par les forces anglaises, en a fait autant. L'Angleterre bloquait tous nos ports, et ruinait notre commerce. Il y avait une alliance offensive et défensive entre plusieurs grandes puissances pour agir contre la France, et qui s'exécutait strictement. La France, étant divisée d'opinion à l'occasion de la guerre, s'attendait d'être à son tour subjuguée et obligée de rendre les armes tôt ou tard.

Il y eut un congrès dans la ville de Dresde, qui avait pour but une paix générale; mais toutes les conférences furent sans effet, et la guerre devint encore plus sanglante qu'auparavant.

Les armées respectives des puissances étaient en présence; chacun se disposait à combattre pour la défense de sa cause : mais, au milieu du combat, il y eut plusieurs puissances qui abandonnèrent la France pour se joindre à ses ennemis. Cette chose inattendue coûta la vie à un grand nombre de soldats de part et d'autre, et la France perdit la bataille ; et, bientôt après, on a vu les armées françaises rentrer sur le territoire français, en désordre et battant en retraite sur tous les points.

La guerre que faisaient les alliés à la France se poursuivait avec vigueur, et ils ont pénétré en France quelque temps après. Mais le genre de guerre qu'ils faisaient était tout différent ; les places fortes n'étaient que cernées, on ne fit point de siège ; mais on voyait un grand nombre de soldats dispersés par petit nombre, attaquer et piller les petits endroits : on nommait cette sorte d'armée *cosaques ;* ils avaient à leur profit le butin qu'ils pouvaient ramasser ; ils voltigeaient d'un côté et d'autre, tantôt ils marchaient en avant, et tantôt ils battaient en retraite, et les troupes françaises se repliaient toujours sur la capitale, et les corps de troupes réglées des alliés s'avançaient à grandes journées. Presque toutes les grandes villes ouvraient leurs portes ; quand il se donnait une bataille, il n'y avait point de coup décisif. La France était aux abois ; il était défendu au civil, sous peine de mort, de refuser l'obéissance aux troupes alliées. La France fut rendue aux troupes alliées, environ trois mois après leur entrée en France : il y eut beaucoup de sang répandu de part et d'autre.

Le sénat déclara, par un sénatus-consulte ; Bonaparte déchu du droit de souveraineté que lui avait donné le peuple français, et il abdiqua volontairement, et le peuple fut relevé du serment qu'il lui avait fait lors de son avènement au trône comme chef d'une grande nation.

Toute la France était en alarmes ; on s'attendait à être saccagé par les troupes étrangères : mais, par un effet de la providence, toutes les affaires furent traitées à l'amiable, sous la médiation de l'empereur Alexandre, qui était du nombre des parties contractantes, ainsi que d'autres puissances ; et, par un traité conclu entre le gouvernement français, agissant provisoiremement au nom de sa majesté Louis XVIII, les limites de la France furent réduites aux possessions qu'elle avait avant la révolution, et les alliés se dessaisirent avec loyauté des droits qu'ils avaient sur la France à titre de conquête, en disant aux Français : nous vous remettons sous la protection de votre souverain légitime ; aimez-le, exécutez ses ordres et vivez en paix, oubliant le passé. Ils ont mis ordre aux affaires de la guerre, et retournèrent, ainsi que leurs armées, dans leurs États respectifs, après avoir relégué Bonaparte et sa famille dans des endroits fixés pour être le lieu de leur exil, et leur avoir assuré des revenus annuels.

Nous avions la certitude que les armées des alliés avançaient vers la capitale sur plusieurs points; ces corps de cosaques approchaient de nos contrées; nous entendions le canon tirer, nous étions glacés d'effroi. Nous n'avions pas encore souffert des ravages de la guerre. Nous étions sans consolation. Les feuilles publiques n'étaient remplies que de mensonges pour nous tromper sur les forces des alliés, et sur leur manière de se comporter à l'égard des endroits qu'ils avaient soumis. Nous nous empressions de nous rendre le matin et le soir dans des maisons publiques où les journaux parvenaient, et où l'on raisonnait sur les correspondances qu'il y avait entre les personnes affligées par les ravages des troupes : cela nous donnait de grandes inquiétudes. Enfin, on fut pendant plusieurs jours sans recevoir de nouvelles de la capitale ; toute correspondance était interdite ; les voyageurs furent interrompus dans leur marche. Les personnes sensibles se regardaient, la tristesse était peinte sur leurs visages, et les larmes coulaient des yeux; on se disait : qu'allons-nous devenir? On nous dit que le sang coulait à grands flots aux environs de Paris :

cette nouvelle nous paraissait vraisemblable. Le commerce était dérangé par un découragement général ; il y eut une baisse considérable sur le prix de toutes les productions de nos contrées. On disait : nos richesses seront la proie du soldat ; ce n'était pas ce que la France devait attendre, lorsqu'elle avait conféré à Bonaparte tout pouvoir. Après qu'il a eu usurpé le pouvoir suprême, dont il a abusé, on croyait qu'il convenait que la France fût gouvernée par un chef qui fût dans le cas, au besoin, de commander une armée ; mais il nous est arrivé ce qui est arrivé aux grenouilles qui vivaient en république, dont parle la fable ; nous fûmes obligés de souffrir les rigueurs du tyran, jusqu'au moment où la France fut délivrée, par des forces supérieures, des mains de ces factieux, pour nous laisser jouir du bonheur dont jouissent toutes les nations civilisées, lorsqu'elles ont pour chefs des souverains qui les gouvernent, qui descendent en ligne directe de personnages illustres qui aiment leurs sujets. Nous fûmes remis et restitués aux Bourbons qui régnaient en France depuis un grand nombre de siècles, et gouvernés par intérim par M. le comte d'Artois, frère du Roi, qui avait la lieutenance générale du royaume, jusqu'à l'arrivée de Sa Majesté Louis XVIII ; et les cris de *vive le Roi* nous consolaient, et nous disions : la guerre est finie, réjouissons-nous !

Nous fûmes rassurés sur les événemens politiques qui avaient rendu les Français odieux à toutes les nations civilisées. Depuis que les États-Généraux du royaume avaient été appelés, nous avions d'abord cru certains meneurs qui étaient des partisans de la faction qui avait détrôné le Roi, disant que c'était un tyran, et qu'il fallait lui donner la mort. Mais vingt années de calamités publiques nous ont prouvé le contraire, puisque les alliés, en nous donnant un Roi, nous ont donné la paix ; et en paix, nous jouissons des fruits de la réforme des abus, qui a eu lieu lors de la première législature. Mais la mort du Roi était jurée, et la couronne et le diadème étaient offerts à qui oserait les porter, par la classe du tiers-état, qui disait : Nous sommes souverains, nous avons le droit de choisir nos chefs. Il n'y eut personne qui voulût se mettre en fait de gouverner un peuple révolté, et on a proclamé la république en France ; et, bientôt après, des États voisins, dominés par les armées, imitèrent la France, mais sont aussi rentrés dans l'ordre. Et ces changemens présentaient un avantage aux factieux ; mais les circonstances dérangeaient les projets qu'il fallait mettre au jour. Le retour de l'ordre était proscrit, et il fallait de l'ordre pour gouverner, et avec de l'ordre on était accusé de vouloir rétablir la royauté en France ; et les factions étaient comme une furie qui en chassait une autre. La guerre était au dehors, et le trouble était dans l'intérieur ; mais la majorité des Français restait soumise aux lois des circonstances, puisqu'on était sous la férule militaire, et qu'un grand nombre de villes de l'intérieur étaient déclarées en état de siége : ce qui donnait aux alliés des motifs pour nous épargner.

Après que les armées françaises ont été vaincues, nous nous sommes informés quel était le sujet de la guerre ; nous avons cherché dans les annales politiques, depuis le commencement de la république, jusqu'au jour où la France a cessé d'être gouvernée en république, et depuis cette époque jusqu'au jour de l'entrée des alliés dans la capitale. Nous avions cru Bonaparte le sauveur de la France, au moyen des lumières qu'il possédait ; mais on nous a dit que lorsqu'il s'était vu gouverneur d'un peuple nombreux, fort éclairé et confiant, ayant les talens perfectionnés dans l'art de faire la guerre, il espérait, à l'avenir, commander à l'univers entier, commençant par l'Europe. Bonaparte avait reçu des pouvoirs d'une classe d'individus, qui s'étaient rendus maîtres par la force, et qui, pendant un temps, avaient gouverné par la terreur. Quand on disait, la patrie est en danger , c'était cette faction qui craignait d'être punie ; et , malgré toutes ces précautions , la France n'était pas tranquille, puisque la guerre continuait. Quant au sujet de Bonaparte, voici ce qui nous a été dit à ce sujet, tant sur sa naissance que sur sa vie politique.

Bonaparte naquit dans l'île de Corse , vers l'an 1769 , de parens peu fortunés , ayant titre de noblesse ; et un Français , personnage distingué , s'était chargé de l'élever et de faire son éducation. Il aperçut en lui des talens pour l'art militaire, et lui fit donner les instructions convenables en pareil cas, dans l'intention d'en faire un grand sujet. Bonaparte a fait connaître ses talens militaires dans plusieurs circonstances , et bientôt après il fut naturalisé français, et posséda des grades successivement dans la carrière militaire. On dit qu'il habitait Paris, lors des combats qu'il y eut le 13 vendémiaire, entre les sections et le gouvernement républicain, et que des talens qu'il y déploya lui procurèrent le grade de général en chef de l'armée d'Italie, et que ce fut sous son commandement que toute l'Italie fut conquise. Il était impérieux : souvent son épée rendait sa partie adverse au nombre des morts. Pour abréger les débats, le bruit de ses exploits donnait de la terreur aux uns , et de l'admiration aux autres : on le croyait invulnérable ; la faction républicaine se voyait sur le point d'être renversée par la discorde civile , et il fut protégé pour parvenir au consulat ; à ce moment, la France était sans roi, et le jouet des factions; et il était hors de sa patrie. On l'accusait de faire verser le sang avec prodigalité , pour satisfaire son ambition; et on disait : c'est un des fléaux de la guerre ; il faut avoir un peu de patience ; il faut endurer quand on a lieu d'espérer. Son genre de gouvernement était despotique ; il mettait tout en usage pour soumettre les États voisins à son obéissance. Il avait entrepris la conquête de l'Angleterre , aidé de bateaux plats, dont le nombre était considérable ; mais les préparatifs furent inutiles. Il parvint à forcer la cour d'Autriche à quitter ses États , par la force des armes; et ayant ménagé des circonstances extraordinaires , il répudia son épouse Joséphine , pour épouser l'archiduchesse Marie-Louise d'Autriche, qui était la nièce de la dernière reine de France. Ce grand personnage voyait avec une peine secrète qu'elle remplaçait une de ses proches, par une alliance commandée par des circonstances fâcheuses : elle fut honorée du droit de régence, pendant que Bonaparte était aux armées. Son but était de faire oublier aux Français les Bourbons ; et ceux qui avaient échappé à la mort, avaient l'Angleterre pour refuge : un seul fut victime, on l'a dit fusillé à Paris ; d'autres ont dit qu'il avait été étranglé, au grand regret des ames sensibles. On nous dit que Bonaparte sacrifiait le sang français pour satisfaire son ambition ; il s'était rendu redoutable aux peuples voisins. Il avait une nombreuse famille, des deux sexes ; et la grandeur de son nom, la force des armes des Français, donnaient lieu à des alliances avec des familles de condition ; en plusieurs années, on a vu dans sa famille, des rois, des princes, et des princesses ; des maréchaux de France ; des vice-rois dans l'Italie. Dans l'Espagne, dans la Westphalie, dans la Hollande, et dans les autres petits États, il se trouvait de grands personnages alliés à la cour de France. Il n'y eut que l'Espagne qui combattit contre les Français, en refusant de reconnaître un roi qui n'était pas du sang royal, et qui leur était donné par suite d'une trahison. Cette résistance a fait verser des torrens de larmes et de sang. Quant aux autres États, ils furent rendus à leurs souverains légitimes, après des arrangemens de bonne foi.

Bonaparte étant proclamé empereur des Français , accepta toutes les propositions qui lui étaient faites pour créer une cour à l'instar des autres puissances : il n'y avait plus en France de noblesse titrée ; mais à ses généraux et autres officiers, il donna des titres de duc, de comte , de baron, etc., etc. Les batailles qui s'étaient données, et les grandes provinces et cités conquises étaient les noms distingués. Il a choisi pour armes l'aigle. Cela donnait lieu aux savans de dire: Avec de pareilles armes, il faut nous attendre à la guerre. On nous a dit qu'il avait une telle ambition d'être remarqué, qu'il renonça au nom de Nicolas, pour prendre celui de Napoléon ; mais on ne sait par quelle occasion ce nom fut apporté en France, on ne sait pas quel pouvoir il avait pour prendre dans le calendrier français la place de saint Roch, que nous invoquons quand nous sommes affligés de la peste : on a pensé que celui-là aimait la guerre.

La France voyait ces fanfaronnades avec inquiétude; on voyait avec douleur qu'il fallait

tôt ou tard être vaincu. On avait vu deux pontifes et un roi endurer d'être captifs en France,
plutôt que de consentir aux propositions qui
leur étaient faites : et, sans être à portée de juger
des moyens litigieux, nous apercevions qu'il y
avait violence exercée sur des personnes sacrées.
Nous voyions avec d'autres inquiétudes que l'enfant né du mariage de Bonaparte et de Marie-
Louise avait été titré roi de Rome. Ces titres de
protecteur et de médiateur de petits États voisins
et autres étaient des charges incalculables pour la
France; et nous voyions avec peine que, depuis
le commencement de la révolution, le militaire
tenait le civil entre l'enclume et le marteau,
étant obligé d'obéir aux circonstances; et le désir de faire de nouvelles conquêtes tourmentait les États voisins.

Bonaparte n'a donc rien ménagé, puisque ce
fut au commencement de son règne que les droits
réunis furent rétablis sur les boissons. On connaissait bien que l'établissement des cafés et des
buvettes donnerait un impôt considérable; tous
les débitans consentaient à cet impôt, mais on se
voyait tous les jours tracassé par les employés
qui étaient chargés d'exercer : ils étaient revêtus
de pouvoirs illimités; souvent c'étaient d'anciens
guerriers, avec leur esprit soldatesque, qui ra

pinaient les pauvres débitans, et faisaient détester Bonaparte. Les tribunaux étaient tenus sous la verge de ces ..... ; il fallait, quand ils avaient pris quelqu'un en fraude, se disposer à un accommodement quelconque, ou s'attendre à perdre son procès : ils pouvaient disposer de la fortune des débitans, à leur gré ; tout s'interprétait contre le débitant ; on disait : c'est un débitant, ou bien, c'est un fraudeur, il faut... Nous avons vu cette classe de ..... obliger les débitans d'aller tirer à leur pièce de l'eau-de-vie, chaque fois qu'il fallait servir : il ne leur était pas permis d'en laisser une bouteille sur le comptoir ; d'autres avaient de petits barils, ils attachaient la chantepleure avec des cordes qui étaient cachées sous les tables : on souffrait tout cela avec résignation ; mais ces moyens tyranniques ont cessé à la chute de Bonaparte.

Il y avait près d'une année que nous vivions sous le règne d'un Roi ; nos larmes étaient séchées, le commerce était bon, nous commencions à oublier nos malheurs. Les militaires et autres individus, qui avaient intérêt à la guerre, conspirèrent en secret contre l'État : quoique tous les prisonniers qui étaient détenus dans les États voisins fussent rentrés dans leur patrie, ils conservaient une haine contre la royauté ;

ils étaient endoctrinés par certains officiers qui étaient dans la conjuration, et qui connaissaient les moyens à employer pour laisser rentrer Bonaparte en France. Nous les entendions blasphémer contre le Roi et contre la famille royale ; mais nous croyions qu'avec le temps ces mécontentemens se dissiperaient. A ces militaires se joignait une classe de mécontens, à qui on donnait le nom de *Napoléonistes* : ils avaient perdu plus ou moins au changement, ou ils agissaient par esprit de parti ; et, au moment qu'on y pensait le moins, le bruit était que Bonaparte était rentré en France. Aussitôt que ces bruits furent connus dans nos campagnes, le commerce a encore souffert un préjudice considérable ; ces bruits jetèrent la conternation dans toutes les classes : le guerre avait cessé, disions-nous, et nous voilà encore dans la peine. Nous voyions que la rumeur était partout : on voyait des proclamations et des décrets qui émanaient de Bonaparte. On croyait parvenir à le faire arrêter comme criminel ; mais la conjuration s'exécutait partout : la troupe se divisa, et il se forma un corps d'armée, qui grossissait à mesure qu'il pénétrait en France. Sur son passage, on arborait le drapeau tricolore : il marchait à grandes journées sur Paris. Le Roi et la famille royale quittèrent Paris à la hâte; sous l'escorte de sa garde, il parvint aux frontières, où sa personne sacrée fut mise en sûreté. Quant aux autres dignitaires, ils furent tenus de quitter la France sans délai.

Nous voyions d'un œil inquiet ces changemens, dont nous ne connaissions point l'issue : nous craignions la guerre civile; nous entendions le langage des partisans de Bonaparte, et les voyions rentrer dans les emplois qu'ils avaient de son temps; nous voyions tous les émigrés, rentrés par suite des événemens, obligés de s'acheminer vers les frontières, pour quitter la France. On nous disait que la famille de Bonaparte était rentrée en France ; nous voyions ces misérables écrivains, dont les talens étaient brigués , annoncer au peuple des avantages futurs, à cause de la rentrée de Bonaparte, et préparer le peuple à faire des choix, dans les élections projetées, des personnes dévouées à la cause de Bonaparte.

Nous étions insensibles à ces harangues, et nous laissions à la Providence nos destinées.

La guerre fut une chose inévitable; les alliés armèrent de nouveau contre la France, et la France armait contre eux; mais il n'y avait point d'esprit national, il n'y avait que la troupe qui brûlait d'envie de se venger contre les troupes

qui l'avaient vaincue. On a fait une levée considérable d'hommes dans nos campagnes ; et,
comme le combat devait se donner du côté des
frontières , toutes les levées de nos environs
traversaient nos contrées par charretées, allant
à grandes marches et à grandes journées ; nous
reconnaissions ceux qui étaient payés pour remplacer, ils criaient : *Vive Napoléon !* Mais un
grand nombre des autres désertaient, dès qu'ils
avaient des occasions favorables.

Nous regrettions notre tranquillité ; l'etat des
affaires politiques était embarrassant : le sort des
armes devait décider la question de Bonaparte
avec les Bourbons. L'intérieur était tranquille ;
il n'y avait que la troupe qui était disposée à
défendre le parti de Bonaparte : ceux des *Napoléonistes* les plus apparens étaient des lâches
et des poltrons qui ne faisaient la guerre qu'au
coin du feu ; s'il s'en trouvait dans le nombre, de
disposés, c'était pour agir avec un grade, con-
voitant l'instant où ils pourraient faire quelque
butin ; on se rappelait que l'année d'auparavant les Français pillaient les Français dans
leur retraite

Nous voyions arriver l'instant d'une nouvelle
anarchie : on commençait à emprisonner les
prêtres , pour opinions politiques ; on recom-

mençait le commerce des hommes; on donnait aux uns la facilité de se faire réformer, et aux autres l'ordre de partir.

Nous avons été environ trois mois agités en toutes les manières, à cause de la guerre; mais la cause du Roi fut défendue avec acharnement, ainsi que celle de Bonaparte : et, après plusieurs jours de batailles données, la cause du Roi fut victorieuse; il y eut un massacre épouvantable; plusieurs cent mille hommes sont restés sur le terrein ; toute l'élite des troupes françaises a péri dans les flammes d'une forêt qui leur servait de retraite, qui fut embrasée par le moyen de matières combustibles que les alliés avaient mis en usage pour détruire l'armée ; et le Roi rentra dans sa capitale, quelques jours après. Il y fut accueilli par des cris de vive le Roi, mille fois répétés ; et, après une recherche des principaux auteurs de cette conjuration, les plus coupables furent condamnés à mort; d'autres ont été condamnés à des peines infamantes; mais ceux qui avaient voté la mort de la famille royale, furent condamnés à sortir du territoire français, pour y vivre jusqu'au jour qu'il plaira au Roi de les admettre au nombre de ses sujets, en leur laissant la liberté de rentrer dans leurs foyers.

Bonaparte ayant perdu la bataille, se replia sur Paris, espérant renforcer son armée qui battait en retraite ; mais cela fut impossible, et les alliés rentrèrent en France, et pénétrèrent dans Paris ; et ils chassèrent les débris de l'armée de Bonaparte, et on leur enjoignit de se retirer derrière la Loire, pour attendre les ordres ultérieurs ; et ces ordres ont été donnés pour le licenciement de l'armée, par le moyen de la division des corps, qui étaient composés d'individus de toutes les provinces. Ils eurent l'ordre de retouner dans leurs foyers : ainsi, les Picards allaient en Picardie, les Normands en Normandie ; et, ce moyen fut employé avec succès pour remettre le soldat sous la discipline militaire.

Les alliés n'ont point eu les mêmes égards pour le peuple français, que la première fois ; ils ont retenu un certain nombre de nos places fortes pendant l'espace de cinq années ; et nous fûmes obligés de souffrir cent cinquante mille hommes de troupes chez nous ; nous fûmes aussi obligés de leur payer, à diverses époques, soit en fournitures ou en argent, un capital de sept cent millions, payables en cinq annés, sauf à faire des arrangemens, si la France prouvait son obéissance au Roi, pour abréger le départ des troupes alliées, et obtenir des délais de paiement.

Toutes les conventions faites au sujet de la retraite des troupes alliées ayant eu lieu, chacun retourna dans ses États; et la France ayant resté soumise aux ordres du Roi, et ayant exécuté les conditions qui avaient été prises, nous avons été informés que les alliés avaient rappelé leurs troupes, et consenti des atermoiemens pour acquitter la rançon convenue.

## CONCLUSION.

Les fléaux qui pesaient sur la France ont cessé aussitôt que le peuple n'a plus été soumis sous le despotisme des factieux qui ont renversé le trône et l'autel. Et l'autorité militaire, qui avait juré de verser son sang pour leur défense, protégeait leurs opérations. Toute la France fut troublée, et troubla toute l'Europe; il y eut des torrens de larmes et de sang répandus à cause de la mort du chef de l'État; et, dans cette crise malheureuse, la majorité des Français soupirait après un Roi. La France était en proie à une anarchie cruelle; on savait que la famille royale et tous les Bourbons n'avaient quitté leur patrie que pour échapper aux massacres projetés ; on entendait dire, publiquement : plus de roi, plus de nobles, plus de prêtres. C'étaient les cris séditieux des factieux, en mettant tout en usage pour empêcher leur retour.

La faction de Bonaparte, qui fut la dernière, diminuait, et le nombre des mécontens augmentait, voyant que son principal point était d'asservir la nation française sous le joug d'un gouvernement militaire, afin d'agir dans les circonstances militaires ! contre les puissances qui oseraient l'interrompre dans la résolution qu'il avait prise d'allier sa famille aux familles les plus distinguées de l'Europe. On savait que le sang des Français avait déjà coulé contre les les intérêts de la nation française. Il prétendait réduire la France à protéger ses vues d'ambition ; mais le sort des armes a changé tout à fait, et la France devint libre par son abdication, étant relevée du serment qu'elle lui avait fait, et reçut son Roi à bras ouverts, aux cris de vive le Roi ! On se disait : plus de guerre ; nous avons un Roi qui est du sang royal ; il est bon, il nous pardonnera, il chassera Bonaparte et sa famille du sol de la France : nous allons être tranquilles, tous nos maux vont cesser ; le sang de nos enfans ne va plus être versé contre nos intérêts. Ce qui nous donnait l'entière conviction, qu'il n'y avait plus de guerre à craindre, c'étaient les rapports fidèles qui étaient faits des opérations politiques. On nous avait dit que la capitale était menacée d'être réduite par les armes; et, au conteaire, on nons assurait que les souverains qui observaient les mouvemens des armées victorieuses étaient tranquilles au milieu du peuple sans escorte, et que les cris d'allégresse étaient : vive le Roi, vive la paix, plus de guerre. Après ces rapports, les inquiétudes ont cessé peu à peu, les esprits se sont ralliés à la famille des Bourbons, qui étaient protégés par des forces fidéles au serment qu'elles avaient fait de les rétablir sur le trône de leurs pères, et de mettre la religion catholique sous la protection de l'État, et de défendre l'un et l'autre contre toute atteinte. On nous a assuré que le Roi pardonnait à la France, et qu'à son exemple les puissances étrangéres nous pardonnaient. Et, avant ces rapports, nous craignions le Roi à cause de la mort du Roi, nous craignions les émigrés à cause que leurs biens étaient vendus, nous craignions le clergé à cause des dîmes, nous craignions le rétablissement de l'ancien régime; mais quand nous fûmes certains que les lois qui avaient été rendues concernant ces changemens étaient restées en vigueur, nos inquiétudes ont cessé, et nous nous sommes occupés à nos occupations continuelles, laissant à la Providence le soin de nos destinées, et, vu les rapports qui nous ont été faits des forces que les alliés ont opposées aux nouvelles prétentions que Bonaparte avait sur la France pour détruire l'autorité royale et nous occasionner la guerre, vu les mesures qui ont été prises contre les chefs du complot, nous avons lieu de croire que la France ne sera plus désunie, et que nous continuerons à vivre paisiblement, soumis et protégés par un gouvernement protecteur de l'agriculture et du commerce, des sciences et des arts.

**FIN.**

www.ingramcontent.com/pod-product-compliance
Lightning Source LLC
LaVergne TN
LVHW021844170726
843503LV00003B/1056